金融入門

銀行・証券・保険の基礎知識

〔改訂版〕

安田　嘉明
貞松　　茂
林　　　裕
【共著】

税務経理協会

　大学に入学後ほどなくして，銀行，証券，保険などの金融問題を学ぶのには結構とまどいがあるようである。それまで，銀行には行ったことがあるであろうが，証券会社や保険会社などとなるとほとんど行ったことがないというのが普通であろう。銀行とて，はたしてどんな仕事をしているのかは具体的にはそれほど分かっていないであろう。かく言うわれわれもそうであった。本書は，主としてそのような学生を対象に，「金融入門」として，銀行，証券，保険の各分野についてできるだけ入りやすいようにということに思いをいたし，したがってこれからこれらの分野について学ぼうとしている人たちが「～とは何だろう」，「～とはどういうことだろう」と思っているに違いないことに留意して記述をした。

　例えば，銀行については，ペイオフ，不良債権問題，金融再編など銀行に関する話題・情報が，詳細かつ大量にメディアを通じて提供されている。ただ，そうした情報過多ともいうべき状況がかえってわかりにくくし，正しい理解を阻害している面も否めない。そこで，「わかりやすさ」に重点を置いて，銀行に関する様々な問題に対する理解が進むように解説を進めていく。

　また，証券については，証券っていったい何だろう，証券にはどんなものがあるのだろう。株価はテレビなどで言っているから知っているけど，でも一体株価はどんなふうにして決まり，変化していくのだろうか。また，どこで決まっているのだろうか。利息とか利回りというのも聞くがそれって何だろう，どんなに違うのだろう，等々はきっと多くの学生

が抱いている素朴な思いであろう。それらの思いにわかりやすく応えていきたいと思う。

　保険については，知っているようで知らない保険の仕組みや，保険会社の仕事の内容，さらには私たちの日常生活に密接に関係のある代表的な保険商品について簡潔に説明している。テレビのコマーシャルでよく見かける生命保険や自動車保険って，具体的にはどういう内容になっているんだろうといった疑問をもっている人たちへの一応の解答になっていると思う。

　このように，本書は，銀行，証券，保険の基礎知識を整理したものであるが，全体を通して必ずしも体系だったものにはなっていない。しかしながら，それぞれの領域について上述の目的を多少とも達成できているならば幸いである。

　さて，本書は平成18年1月に初版第1刷を出して以来第3刷まで増刷をした。多くの学生に活用されているものと思っている。しかし，その後，金融環境の変化や法改正などによりそれぞれの分野で変容してきている。それらを反映すべく，また内容をさらに分かりやすくしようという思いで多少の加筆修正を行って今回，改訂版を出すことにした。一層，当初の目的を達成できていれば幸いである。

　最後に，本書の出版にあたっては税務経理協会の峯村英治氏に多大なご労苦をおかけしました。記してお礼を申し上げます。

2014年1月

著　者　一　同

目　　次

はじめに

第1章　金融の仕組み

1. 金融機関の種類と役割 …………………………………………… 3
2. 銀行の基本的機能と経営理念 …………………………………… 6
3. 金融市場の仕組み ………………………………………………… 8
4. 金利自由化 ………………………………………………………… 11
5. 金融ビッグバン …………………………………………………… 14

第2章　銀行の資産・負債，利益構造

1. 銀行の貸借対照表，損益計算書 ………………………………… 19
2. 預　　金 …………………………………………………………… 24
3. 貸　出　金 ………………………………………………………… 26
4. 有　価　証　券 …………………………………………………… 29

第3章　銀行経営

1. ペイオフ …………………………………………………………… 33
2. 不良債権問題 ……………………………………………………… 36
3. 自己資本比率規制 ………………………………………………… 40
4. リスク管理 ………………………………………………………… 45
5. 銀行のディスクロージャー ……………………………………… 51
6. 銀行経営の新しい展開 …………………………………………… 51

1

第4章　証券の基礎

1. 証券の分類 …………………………………59
2. 株　　券 …………………………………60
3. 債　　券 …………………………………63

第5章　証券市場

1. 発行市場と流通市場 ………………………71
2. 証券市場の機能 ……………………………72
3. 証券業務 ……………………………………74
4. 取引所取引 …………………………………77
5. 株式指標 ……………………………………92

第6章　保険の基礎理論

1. 保険の仕組み ………………………………97
2. 保険契約 ……………………………………101
3. 保険料と保険金 ……………………………104

第7章　保険経営

1. 経営形態の基本分類 ………………………111
2. 相互会社 ……………………………………112
3. 簡易保険 ……………………………………114
4. 共　　済 ……………………………………116
5. 社会保険 ……………………………………118

目　次

第8章　保険商品

1. 損害保険商品 …………………………………………123
2. 生命保険商品 …………………………………………133

索　引 ………………………………………………………141

第1章
金融の仕組み

1 金融機関の種類と役割

　わが国の金融機関は，中央銀行，民間金融機関，公的金融機関の三つに大別される。中央銀行である日本銀行は，「発券銀行」，「政府の銀行」という機能に加え「銀行の銀行」という機能を持っている。これは日本銀行が民間銀行など金融機関から当座預金（出し入れが自由な無利子の預金）を預かっていることを指す。各金融機関はお互いのお金のやり取りの集中的な決済をこの預金を使って行っており，また，現金が必要な場合にこの預金を取り崩して日本銀行から現金を受け取っている。日本銀行はこれら三つの機能を通じてさまざまな金融政策を行っている。

　民間金融機関は，預金業務の取り扱いの可否により銀行等の「預金取扱金融機関」と証券会社，保険会社等の「その他の金融機関」に分けられる（図表1－1参照）。

　預金取扱金融機関は，都市銀行や地方銀行等の「普通銀行」，信託銀行等の「長期金融機関」，信用金庫・信用組合が含まれる「協同組織金融機関」および「協同組織金融機関の中央機関」に分類される。

　普通銀行のうち都市銀行と地方銀行（以下，地銀）は，ともに「銀行法」にもとづく金融機関であり法律上の区別はないが，都市銀行が，東京，大阪等の大都市に本店を持ち全国的な規模で支店網をはり巡らしている一方，地方銀行は，都道府県単位で営業基盤を持ち，県庁所在地にある本店を中心として地域に支店網を巡らしている点が大きく異なる。

　第二地方銀行協会加盟地方銀行（以下，第二地銀）は，相互銀行から普通銀行に転換した銀行で，業務内容面で都市銀行や地方銀行との差異はなく，地方銀行と同じく地域に営業基盤を持つ銀行である。

図表1-1　金融機関の種類

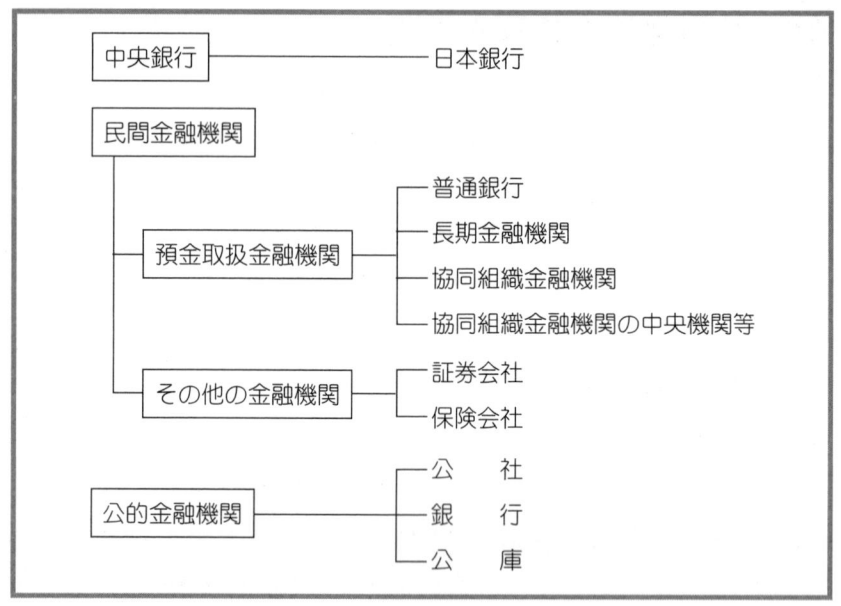

出所）日本銀行金融研究所『新版　わが国の金融制度』より作成。

　地銀や第二地銀と同様に地域経済社会にとって身近な存在である信用金庫や信用組合は，協同組織金融機関とよばれている。協同組織とは会員や組合員がいて，お互いに助け合うことを基本的な目的とした組織のことである。また，協同組織金融機関の中央機関として，信用金庫の中央機関である信金中央金庫や信用組合の中央機関である全国信用協同組合連合会がある。

　長期金融機関に分類される信託銀行は「金融機関の信託業務の兼営等に関する法律」による認可を受けた銀行である。信託とは財産の管理運用という意味である。信託銀行の機能には，貸付信託や金銭信託のように，貯蓄性資金を受け入れて貸出を中心に運用する「金融機能」と，土地信託や年金信託のように財産の管理・運用を行う「財産管理機能」が

第1章　金融の仕組み

図表1－2　預金取扱金融機関の種類

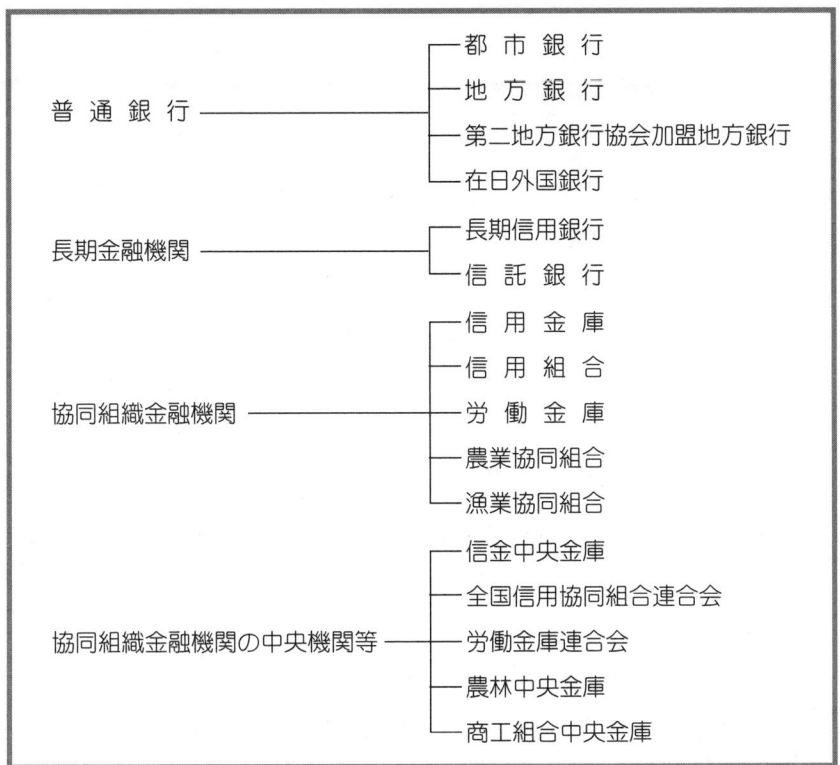

出所）　日本銀行金融研究所『新版　わが国の金融制度』より作成。

ある。なお，信託銀行以外にも信託業務の一部を兼営する都市銀行，地方銀行がある。

　なお，長期金融機関のうち長期信用銀行に該当する銀行は現在なく，また，公的金融機関では郵政民営化など再編・民営化が加速した（図表1－2参照）。

　わが国の伝統的な金融制度の特色は，「分業主義」であった。すなわち「長短金融の分離」「銀行・信託の分離」「銀行・証券の分離」である。

5

図表1-3　金融制度

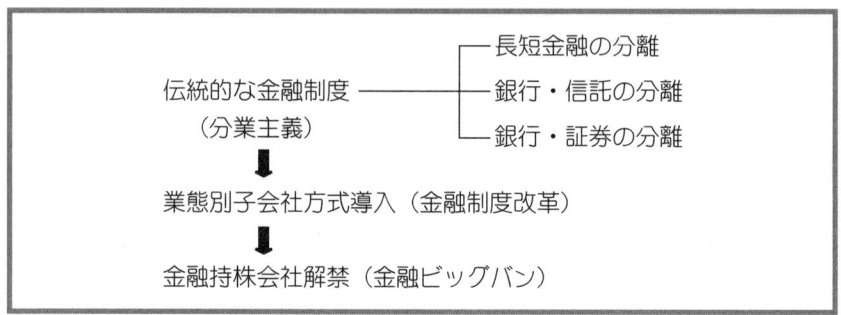

現在，金融自由化，その中でも制度の自由化の進展により，分業から相互参入へと大きく流れが変わってきている。当初は「業態別子会社方式」により相互の業務参入が図られ，その後，金融システム改革（金融ビッグバン）により金融持株会社が解禁されることにより，業態間の垣根が急速に低くなってきている（図表1-3参照）。

2　銀行の基本的機能と経営理念

(1)　銀行の基本的機能

銀行の基本的機能として「貯蓄手段提供機能」「資金の供給機能」「信用創造機能」「資金決済機能」の四つがある。銀行が証券会社や保険会社と大きく異なる点は「貯蓄手段提供機能」を持つこと，すなわち預金業務を取り扱えることである。銀行は，「貯蓄手段提供機能」と貸出金等による「資金の供給機能」を組み合わせることにより「資金仲介機能」を果たしている。金融とは「お金を融通すること」「資金の過不足を補い合うこと」であるが，銀行は資金仲介機能を通して金融に大きな

図表1-4　銀行の四つの基本的機能

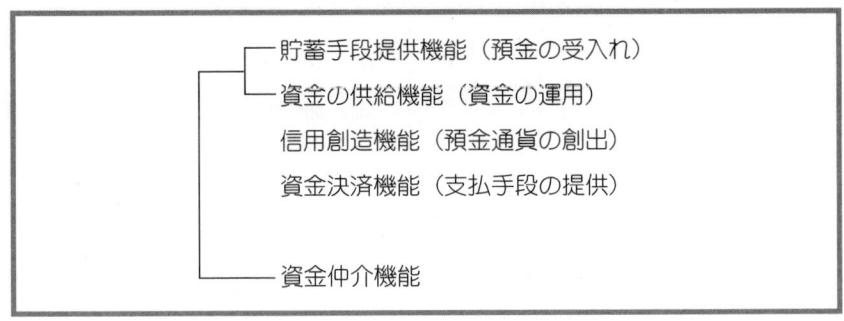

役割を果たしている。

　銀行は，預金で受け入れた資金を，貸出に向けるが，その一部は再び預金として受け入れられ，さらに別の貸出に向けられる。これを「信用創造機能」とよび，貯蓄手段提供機能と資金の供給機能を併せて持つ銀行に固有の機能である。

　預金のうち，いつでも支払い可能なものを要求払預金とよび，当座預金や普通預金がある。これらの預金は手形・小切手・口座振替等のさまざまな資金の決済に使われており，この機能を「資金決済機能」とよんでいる（図表1-4参照）。

(2) 銀行の経営理念

　銀行の経営理念として「公共性」「健全性」「収益性」があげられる。「公共性」は銀行の経済的・社会的役割，社会的責任の大きさから一般の企業以上に強く求められるものである。「健全性」は，運用資金の元利の確実な回収を行う「確実性」と，預金の払い戻しに対する支払い準備として資産の流動性を保つ「流動性」に分けられる。信用秩序維持や

図表1－5　銀行の三つの経営理念

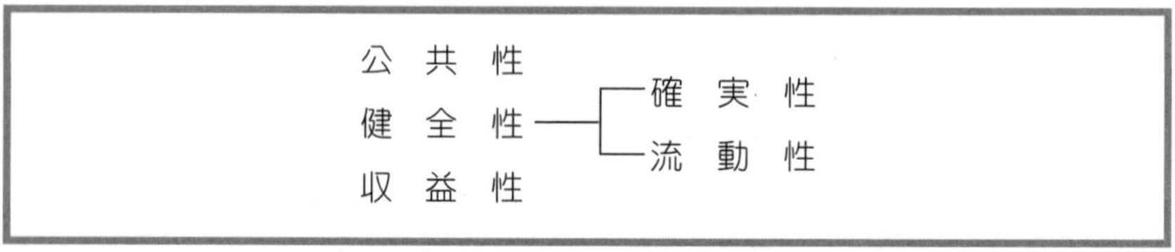

```
公 共 性
健 全 性 ─┬─ 確 実 性
          └─ 流 動 性
収 益 性
```

　預金者保護の面から銀行に対しては経営の健全性が強く求められている。「収益性」はすべての企業に共通の経営理念であり，銀行にとっても同様である。ただ，時として過度の収益追求が公共性や健全性を損ねる可能性もあり，銀行経営においてこの三つの経営理念の調和ある実現・維持が不可欠である。こうした経営理念の下，基本的機能を十分に発揮していくことにより，銀行に求められる経済的・社会的ニーズに応えていくことが銀行の社会的責任である（図表1－5参照）。

3　金融市場の仕組み

(1) 金融市場の種類

　「金融」とは資金の過不足を補い合うことすなわち資金の融通であり，「金融市場」は貸し手と借り手が結びつく場，または取引の総称と捉えることができる。その点から，広い意味では預金，貸出金も金融市場に含まれるが，一般的には金融市場は，不特定多数の取引者による競争を通じて価格やその他の取引条件が決定される取引の場を指すものである。

　わが国の金融市場は，期間1年未満の短期金融市場と期間1年以上の長期金融市場に大別できる。短期金融市場はさらに，金融機関のみが参加し，金融機関相互の資金の調達・運用が行われる「インターバンク市

図表1-6　わが国の金融市場

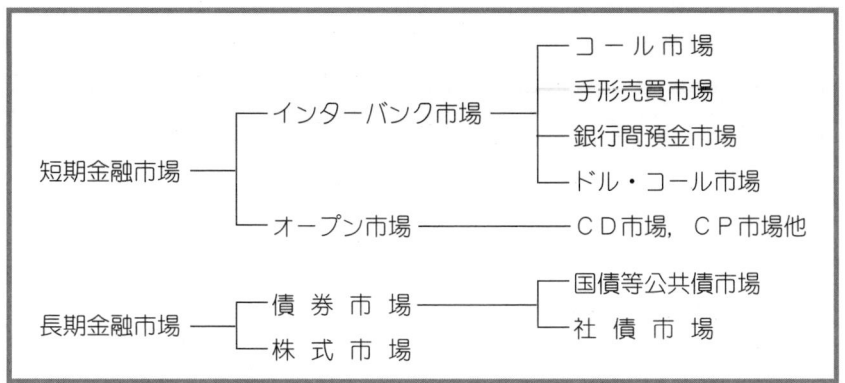

出所）　全国銀行協会金融調査部編『図説　わが国の銀行』財経詳報社，
　　　p.55，図「日本の金融市場」をもとに作成。

場」と，一般事業法人等も自由に参加できる「オープン市場」に分けられる。また，長期金融市場は証券発行者が長期資金の調達をする場であり，「債券市場」と「株式市場」がある（図表1-6参照）。その他の金融市場として，先物，オプション，スワップ取引等の市場がある。これらの取引は，貸借対照表に計上されないことからオフバランス取引とよばれている。また，金利，為替，株式，債券といった本来の金融商品から派生した取引ということでデリバティブ取引ともよばれる。

(2)　短期金融市場

インターバンク市場には，コール市場，手形売買市場，銀行間預金市場等がある。コール市場や手形売買市場は銀行等の金融機関が短期に資金を運用・調達する手段として重要な地位を占めていたが，手形売買市場における印紙税負担の問題や，金融緩和措置の影響もあり，その規模

は縮小傾向にある。

オープン市場には，CD（譲渡性預金），CP（コマーシャルペーパー），TB（短期国債），FB（政府短期証券）等の多様な市場があり，市場の整備も進んだことから，インターバンク市場に代わって短期金融市場において重要な地位を占めるようになってきている。

(3) 日銀の金融調節

「預け金」は資金の運用でありB／S上は資産となる。このうち「日本銀行預け金」は，「支払準備預金制度」，「為替決済制度」等にもとづく，民間銀行の日本銀行当座預金への預け入れを処理する科目である。一方，「借用金」は資金の調達でありB／S上は負債となる。このうち「日本銀行借入金」は民間銀行の日本銀行からの借入を処理する科目である。これらは，日本銀行の金融政策に深く係わってきた。

従来の，日本銀行の金融調節においては，「支払準備預金制度」を通じた「日本銀行借入金」とインターバンク市場における手形オペが重要な役割を果たしてきた。すなわち，「日本銀行借入金」の金利である「公定歩合」の変更が政策金利として金融政策の基本的手段の一つとなっていた。金融自由化の進展により預貯金金利と公定歩合との制度的連動性がなくなったことなどを背景に，日本銀行は公定歩合を適用した日銀貸出を金融調節の手段としないことを表明し，現在の日本銀行の政策金利は，無担保コール翌日物（オーバーナイト物）となっている。

一方，日銀の金融調節の対象は，従来のインターバンク市場からオープン市場へと変化しており，さらに最近の超低金利傾向を背景に，調整目標も「金利ターゲット方式」から日銀当座預金残高の目標設定へと変

化する場合も出てきている。

4 金利自由化

　金融自由化とは一般的には「制度の自由化」と「金利の自由化」を指す。また，金利の自由化とは一般的には預金部門の金利自由化を指す。1947年制定された「臨時金利調整法」対象外の預金が増加する形で金利の自由化は進行した。

　国外からの「円安是正」要求と国内の「運用ニーズの多様化」を背景に金利自由化機運が高まり，1984年に金利自由化スケジュールが発表された。ただ，預金金利自由化を急速に進めた場合の預金者側の混乱や中小金融機関へ対する影響が考慮され，自由化は自由金利預金の小口化，預入期間の拡大という形で段階的に進められた。1985年に大口定期預金（10億円以上）の金利が自由化され，1993年には定期性預金金利の完全自由化が行われた。流動性預金金利の完全自由化は，預金金利自由化の総仕上げとして1994年6月に実施された。ただし，当座預金の金利は，臨時金利調整法にもとづく告示により無利息と定められており，現在唯一の規制金利預金として残っている（図表1－7，図表1－8参照）。

図表1-7　金利自由化の流れ

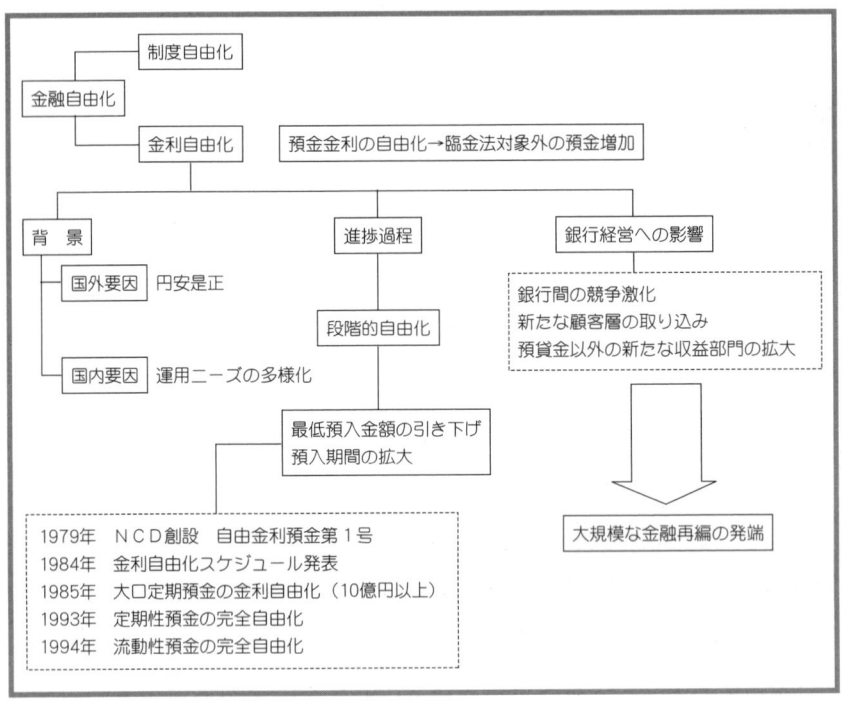

図表1－8　預金金利自由化の進展

年度	記　　　　　事
1979	ＮＣＤ（譲渡性預金）創設
1980	中期国債ファンド発売
1981	期日指定定期預金発売
1983	国債定期口座発売（銀行，公社債の窓口販売開始）　金投資口座開始
1984	大蔵省，金利自由化スケジュール発表
1985	ＭＭＣ（市場金利連動型預金）創設 大口定期預金金利自由化（最低預入限度額10億円以上）
1986	大口定期預金の最低預入金額の引き下げ（10億円→5億円→3億円） ＭＭＣの最低預入金額の引き下げ（5千万円→3千万円） ＭＭＣの預入期間上限の延長（6ヶ月→1年）
1987	大口定期預金の最低預入金額の引き下げ（3億円→1億円） ＭＭＣの最低預入金額の引き下げ（3千万円→2千万円→1千万円） ＭＭＣの預入期間上限の延長（1年→2年）
1988	大口定期預金の最低預入金額の引き下げ（1億円→5千万円→3千万円）日本銀行，短期金融市場運営に新方式を導入
1989	短期プライムレート決定方式の改訂　大口定期預金の最低預入金額の引き下げ（3千万円→2千万円→1千万円） ＭＭＣ廃止，小口ＭＭＣの発売（3百万円以上）
1990	小口ＭＭＣの最低預入金額引き下げ（3百万円→1百万円） 小口ＭＭＣが中口ＭＭＣ（3百万円以上）と新小口ＭＭＣ（100百万円以上300万円未満）に分かれる
1991	新小口ＭＭＣの最低預入金額の引き下げ（1百万円→50万円） スーパー定期（3百万円以上）の発売（中口ＭＭＣの廃止）
1992	新小口ＭＭＣの最低預入金額なし（1円以上） 新型貯蓄預金の導入（20万円型，40万円型）
1993	スーパー定期最低預入金額なし（1円以上）　新小口ＭＭＣ廃止 期日指定定期預金，定額貯金自由金利へ　変動金利型預金創設 中長期預金（固定金利型，預入期間最長4年）の創設
1994	流動性預金の自由化

出所）　日本銀行『経済統計月報』。

5 金融ビッグバン

　金融自由化のもう一つの側面である「制度の自由化」は，わが国金融制度の特色であった「分業主義」にも阻まれ遅々として進まなかった。こうした傾向に風穴を開けたのが，1993年4月施行の「金融制度改革法」で認められた「業態別子会社方式」である。

　制度の自由化の見地から「金融制度改革法」によって銀行，証券，信託銀行が子会社を設けて，相互に業務に参入できる方式（業態別子会社方式）が認められた。しかし，設立にあたっての，規制の多さや，参入コストの大きさから業態別子会社を設立する金融機関は，大手金融機関を中心に一部に限られ，制度の自由化への効果は限定的なものとなった。

　本格的な制度の自由化をもたらしたのが，1996年に当時の橋本首相が行った金融ビッグバン宣言がその発端となった「金融システム改革（金融ビッグバン）」である。その内容は多岐にわたるが，本格的で大規模な金融再編をもたらした「金融持株会社制度」の導入，改革のフロントランナーと位置づけられる「改正外為法の施行」，長短垣根の実質的崩壊をもたらした「普通銀行による社債発行の解禁」が主なものとしてあげられる（図表1－9参照）。

第1章 金融の仕組み

図表1-9 制度の自由化の流れ

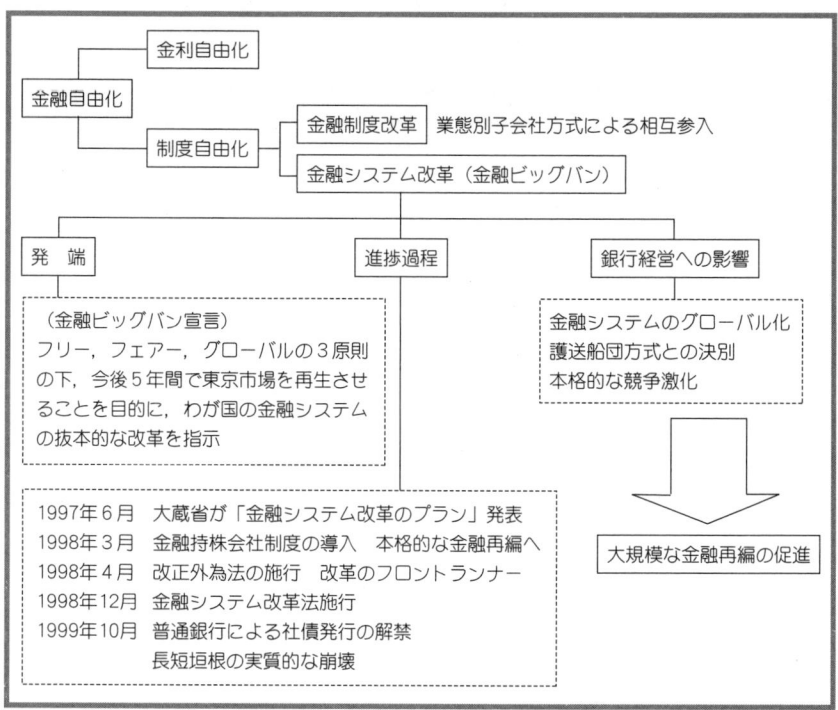

<参考文献>

鈴木淑夫・岡部光明編『実践ゼミナール日本の金融』東洋経済新報社, 1996年。
小山嘉昭『詳解銀行法』(社)金融財政事情研究会, 2004年。
全国銀行協会金融調査部編『図説わが国の銀行』財経詳報社, 2013年。
鹿野嘉昭『日本の金融制度』東洋経済新報社, 2001年。
安田嘉明『金融リスクと金融機関経営』税務経理協会, 1994年。
金融辞典編集委員会編『大月金融辞典』大月書店, 2002年。
財務省『大蔵省財務局五十年史』2000年 (http://www.mof.go.jp/zaimu/50nenn/)。
『ニッキン資料年報 (2003年版)』日本金融通信社, 2002年。

第2章

銀行の資産・負債, 利益構造

第2章 銀行の資産・負債，利益構造

1 銀行の貸借対照表，損益計算書

　金融自由化，ペイオフ，不良債権問題，自己資本比率規制等，金融の諸問題は多様化し複雑化している。これらの問題の相互の関係，また相互に及ぼし合う影響について理解し把握するためには，銀行の貸借対照表（以下，B／S），損益計算書（以下，P／L）が重要なツールである。

(1) 銀行のB／Sの特徴

　銀行の業務は，製造業のように原材料を仕入れ製品をつくるのではなく，預金や市場から資金を調達し，獲得した資金を貸出金や有価証券投資で運用するという「資金取引」が中心となっている。銀行のB／Sを一般事業会社と比べると，表示形式や勘定科目が大きく異なる。例えば，銀行のB／Sでは資産と負債に流動および固定の区分がないこと。繰延資産の一括区分表示がないことがあげられる（図表2－1，図表2－2参照）。

図表2－1　資金取引

B／S	資金取引	取引の種類
資　産	運　用	貸出金　有価証券等
負　債	調　達	預金等

図表2－2　銀行のB／S

（資産）	（負債）
貸出金	預金
………………	NCD
コールローン	コールマネー
買入手形	売渡手形
	………………
有価証券	………………
債　券	………………
株　式	
………………	
	（純資産）
貸倒引当金	………………

(2) 銀行のP／Lの特徴

　銀行の経常損益には，一般事業会社のような営業損益の部と営業外損益の部の区分はないが，現行様式では，「資金」，「役務」，「その他業務」，「営業経費」および「その他経常」の5区分表示とされ，さらに特定取引設置銀行においては，特定取引についても区分表示することとされている。銀行のP／Lは資金取引が主なため収益，費用が対応関係にあるものが多い（図表2－3参照）。

第2章 銀行の資産・負債, 利益構造

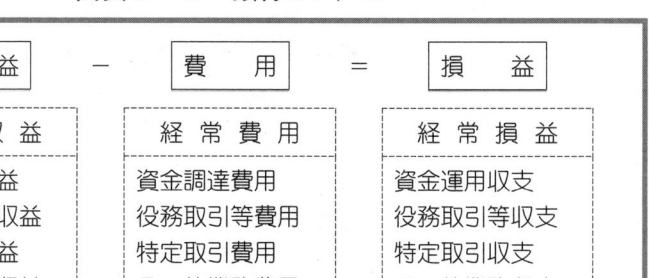

図表2－3 銀行のP／L

(3) 銀行のB／S, P／Lと資金取引

　銀行の資金調達で最も大きな比重を占めるのが預金である。また, 資金運用の中心が貸出金である。これを銀行のB／Sで見てみると, 預金は負債に, 貸出金は資産にそれぞれ計上される。預金に対しては預金利息が銀行から預金者に支払われ, 貸出金に対しては貸出金利息が借り主から銀行に支払われる。貸出金利息と預金利息の差は銀行にとって最も大きな収益源となっている。これを銀行のP／L上で見てみると預金利息は費用に, 貸出金利息は収益に計上される。また, 貸出金利息と預金利息の差は経常損益のうち資金運用収支の大部分を占める。このように基本的には預金と貸出金を組み合わせた預貸金業務が銀行業務の中心となっている（図表2－4参照）。

図表2－4　預金，貸出金のシェア

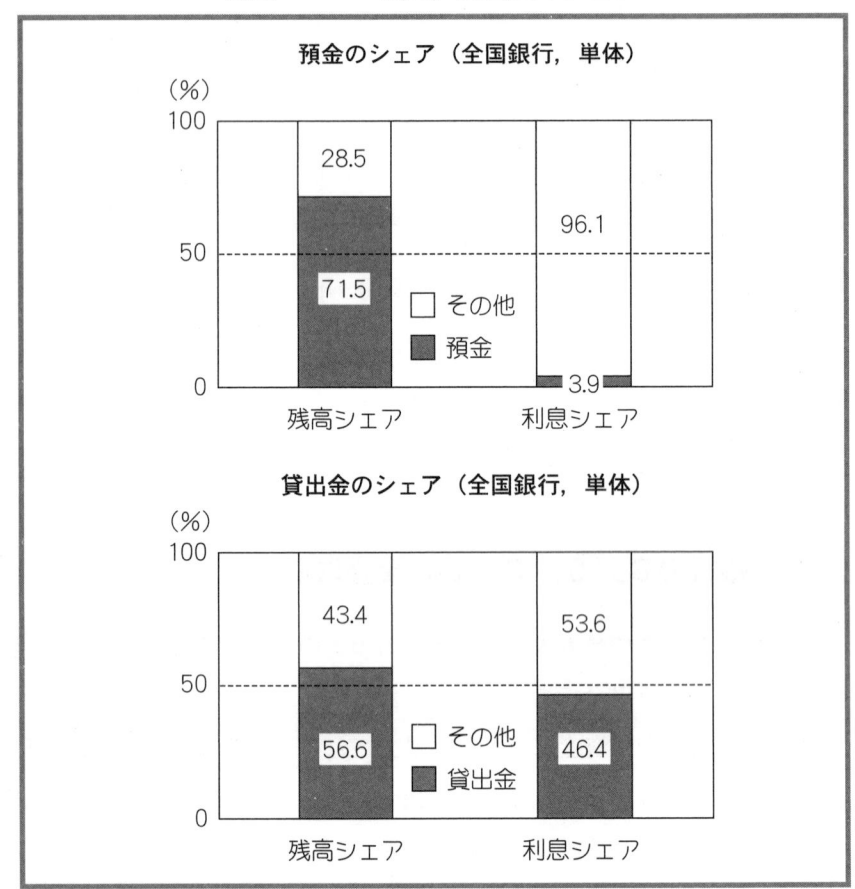

注）　平成15年度全国銀行総合財務諸表（単体）ベース
　　　残高シェアは，それぞれ総資産，総負債に占めるシェア
　　　利息シェアは，それぞれ経常収益，経常費用に占めるシェア
出所）　全国銀行協会ＨＰ。

　預金と貸出金の残高は日々変動し，預金と貸出金の比率は営業基盤の相違により大きく異なる。そのため，預貸金による運用・調達を補完し，日々の資金尻の調整や，流動性を確保するため短期金融市場を通した資

金取引が行われている。短期金融市場での取引は銀行にとって資金の調達，運用であり，預金，貸出金等とならんで資金取引の一部を構成するものである。

短期金融市場での取引は銀行のB／S上では次のようにあらわされる（図表2－5参照）。例えば，インターバンク市場のコール市場では，コールマネーは資金の調達であり，コールローンは資金の運用である。同様に手形売買市場における売渡手形は資金の調達であり，買入手形は資金の運用である。B／S上はコールマネー，売渡手形は負債に，コールローン，買入手形は資産に計上される。銀行はオープン市場のNCD市場でも大量の資金の調達を行っており，B／S上は預金とならんで負債に計上される。銀行は実務上，NCDを預金と併せて総資金として管理している。

図表2－5　短期金融市場と銀行のB／S

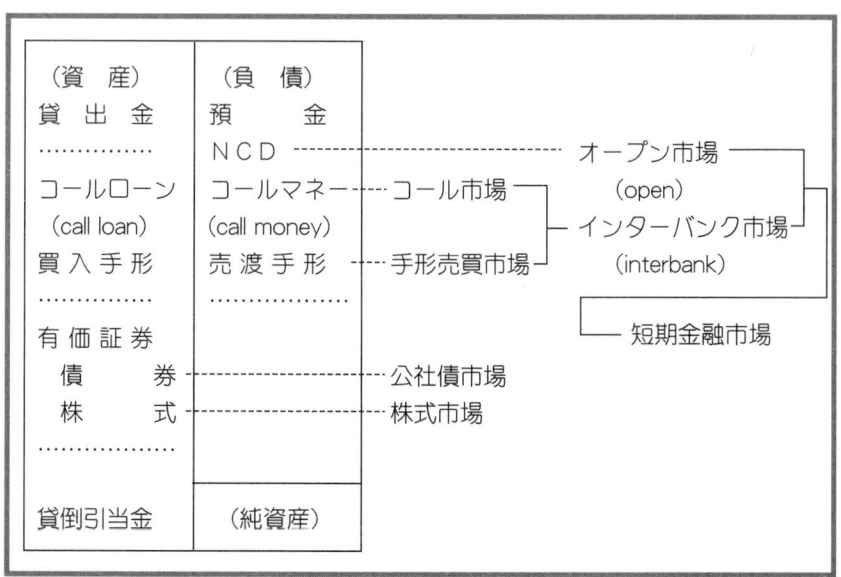

2 預　　金

(1) 預金の種類

預金には「当座預金」「普通預金」「貯蓄預金」「通知預金」「定期預金」「定期積金」「その他の預金」がある（図表2－6参照）。

図表2－6　預　　金

B／S	資金取引	取引の種類
負　債	調　達	① 当座預金 ② 普通預金 ③ 貯蓄預金 ④ 通知預金 ⑤ 定期預金 ⑥ 定期積金 ⑦ その他の預金

① 当座預金

当座勘定取引約定書にもとづき受け入れられる要求払預金であり，小切手等による支払事務委託契約が伴っているものである。現在，唯一の規制金利預金である。

② 普通預金

当座預金と同様，要求払預金である。個人向けには定期預金を担保とする貸越契約が付随する「総合口座」が一般的である。公共料金やクレジットカードの代金の支払い，また給与や年金の受け取り口座として活用されている。現金等の預け入れや引き出しを含め，総合口座のさまざまな取引はCD・ATMやインターネットバンキングの利用が増加して

いる。

③ 貯蓄預金

流動性預金金利自由化の第一段階として1992年6月に個人預金者のみを対象として取り扱いが開始された預金である。主に個人の貯蓄ニーズに応えることを目的として，預金残高に応じて段階的に金利を適用することに特徴がある。

④ 通知預金

払い戻す場合には，2日以前に通知，すなわち予告することを要し，預け入れしてから7日間据え置くことが必要である。

⑤ 定期預金

預入期間が満了するまでは原則として払い戻しのできない預金である。預入期間制限，金利が段階的に自由化された。現在，銀行で取り扱っている主な定期預金には「自由金利型定期預金（大口定期）」，「スーパー定期」，「変動金利定期預金」の3種類がある。

⑥ 定期積金

定期積金は一般に月掛貯金とよばれるもので，定期積金契約により，一定の期間にわたり毎月一定の期日に積金を受け入れ，契約満期時に一定額を給付するものである。

⑦ その他の預金

別段預金，納税準備預金，非居住者円預金（非居住者からオフショア勘定を含む国内店勘定で受け入れた円預金を指す），外貨預金が含まれる。

(2) 単利と複利

利息の計算方法には単利と複利がある。このうち複利とは，元金に利

息を加えたもの（元利金）を新たな元金として利息計算する方法である。利息計算期間により半年複利や1年複利がある。半年複利の代表的な金融商品が郵便局の定額貯金（最長預入期間10年）である。銀行の定期預金の代表的商品である期日指定定期預金（最長預入期間3年）は1年複利である。

同じ金利でも単利より複利の方が受取利息が多くなる。そこで実際に付いた利息の元本に対する割合である「利回り」が金融商品の収益性の比較に用いられることが多い（図表2－7参照）。

図表2－7　利　回　り

$$利回り = \frac{利息額}{元本 \times 期間} \times 100$$

3　貸　出　金

(1) 貸出金の種類

貸出金には「割引手形」「手形貸付」「証書貸付」「当座貸越」がある。その概要は次のとおりである（図表2－8参照）。

図表2－8　貸　出　金

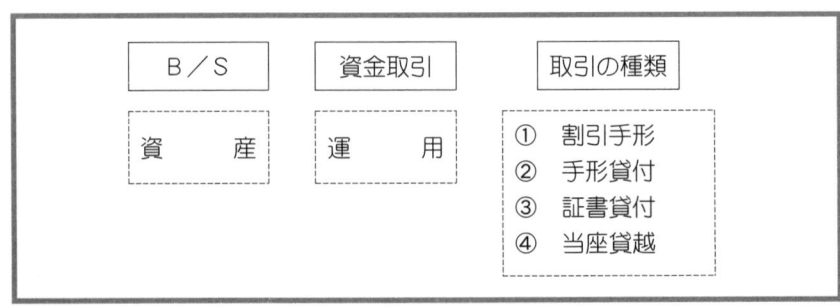

① **割引手形**

商取引により振り出され，銀行の顧客企業が取得した期日未到来の約束手形を，銀行が手形期日前に割引形式で買い取ることにより融資する方法である。

② **手形貸付**

貸付先から借用書にかえて銀行を受取人とした約束手形の差し入れを受け，資金の貸出を行うものである。

③ **証書貸付**

銀行が取引先の顧客から借用証書の差し入れを受け，資金の貸付を行うものである。手形貸付より長期の貸出に利用されることが多い。

④ **当座貸越**

当座取引先と当座貸越契約を締結の上，一定限度まで当座預金残高を超過して，小切手の振出しを認めることによる貸出の一種である。

(2) 貸出金利決定の仕組み

貸出金は貸出期間によって期間1年未満の短期貸出金と1年以上の長期貸出金に分けられる。短期貸出金の金利は短期プライムレートが基準（下限）となっている。以前は，短期プライムレートは事実上公定歩合に連動していたが，現在は各銀行ごとに調達コスト，経費率等を総合的に判断して決定されるようになっている。

長期プライムレートは長期貸出金の基準（下限）となっている。長期信用銀行が発行する5年物利付金融債のクーポンレートに0.9％を上乗せした長期プライムレートが主流であったが，現在は短期プライムレートに期間別スプレッドを上乗せした新長期プライムレートが多く用いら

図表2-9　プライムレート

```
[短期プライムレート]
 短期貸出金の基準（下限）金利
（決定方法）

  ┌─────────────────────────────────────┐
  │ 以前は公定歩合に事実上連動          │
  └─────────────────────────────────────┘
                    ⇩
  ┌─────────────────────────────────────────────────┐
  │ 現在は，各銀行毎に調達コスト，経費率等を総合的に判断して決定 │
  └─────────────────────────────────────────────────┘

[長期プライムレート]
 長期貸出金の基準（下限）金利
（決定方法）

  ┌─────────────────────────────────────┐
  │ 5年物利付金融債のクーポンレートの0.9％高 │
  └─────────────────────────────────────┘
                    ⇩
  ┌─────────────────────────────────────┐
  │ 短期プライムレートに期間別スプレッド上乗せ │
  └─────────────────────────────────────┘
```

れるようになっている（図表2-9参照）。

(3) 貸出金の返済方法

　貸出金の返済は元金部分と利息部分からなる。短期の貸出（手形貸付等）では利息前取りで元金は期日に一括して返済される場合が多い。一方，長期の貸出では分割して返済される場合が多い。その場合，毎回の元金の支払額を均等にしたものが「元金均等償還方式」であり，元金と利息の支払額の合計を一定にしたものが，「元利均等償還方式」である。元利均等償還方式の方が元金均等償還方式より利息支払総額が大きいが初期の返済負担が少ないメリットがある（図表2-10参照）。

図表2－10　元金均等返済と元利均等返済

	毎回返済額	利息総支払額
a．元金均等返済	徐々に減少	b＞a
b．元利均等返済	一定	

4　有価証券

　銀行では，貸出金とならんで債券や株式などの「有価証券」でも資金運用しており，それぞれ公社債市場と株式市場に対応している。

　債券や株式は価格が変動するため，その評価が銀行決算に大きな影響を与える。有価証券の期末（決算）評価については「金融商品会計」が適用される。すなわち，有価証券は保有目的に応じて評価されるが，その大半を占める「その他有価証券」は時価で評価される。通常の株式はその他有価証券に分類されることから時価評価となる。時価評価の結果生じる評価差額は，B／Sの純資産の部に計上されるが，その際「税効果会計」が適用される。すなわち，株式等の「その他有価証券」の評価差額は原則として課税所得に含まれないことから，評価差額に係る税効果額を繰延税金資産（評価差損の場合）または繰延税金負債（評価差益の場合）とした残額が純資産の部中の評価差額金として計上される。

　一方，有価証券の価格が著しく下落し，かつ回復の可能性が認められない場合には「減損処理」が適用され，損失分はP／Lで処理される。減損処理は，上記のB／Sへの評価損益の計上と違い，半永久的な処理となる。

＜参考文献＞
　全国銀行協会調査部編『図説わが国の銀行』財経詳報社，2003年。
　銀行経理問題研究会編『銀行経理の実務　第5版』（社）金融財政事情研究会，2002年。
　銀行経理問題研究会編『銀行経理の実務　第6版』（社）金融財政事情研究会，2003年。
　銀行経理問題研究会編『銀行経理の実務　第8版』（社）金融財政事情研究会，2012年。

第3章

銀行経営

第3章 銀行経営

1 ペイオフ

(1) 預金保険制度

「預金保険制度」は，金融機関が預金等の払い戻しができなくなった場合などに，預金者を保護し，また資金決済の確保を図ることによって，信用秩序を維持することを目的とした制度である。預金保険制度は「預金保険法」により定められており，政府・日本銀行・民間金融機関の出資により設立された「預金保険機構」が中心となって制度が運営されている（図表3－1参照）。預金保険機構の業務内容は，金融システムの安定化を図るため大幅に拡充されてきた。制度の対象となる金融機関と預金等は次のとおりである（図表3－2，図表3－3参照）。

図表3－1　預金保険制度

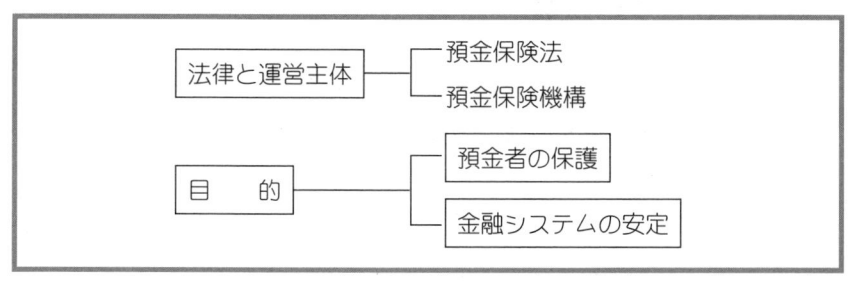

```
法律と運営主体 ─┬─ 預金保険法
                └─ 預金保険機構

目　的 ─┬─ 預金者の保護
        └─ 金融システムの安定
```

図表3－2　預金保険機構の業務

① 預金者保護等のセーフティネットとしての預金保険制度の運用業務
② 金融整理管財人等としての破綻金融機関の管理・処分等の業務
③ 整理回収機構（RCC）に委託等した不良債権の整理・回収等の業務
④ 健全金融機関等を対象とした資本増強の業務
⑤ 旧経営者等に対する責任追及業務

出所）　預金保険機構『預金保険制度の解説』2005年4月より作成。

図表3－3　対象金融機関と対象預金等

（対象金融機関）
銀行法に規定する銀行，長期信用銀行法に規定する長期信用銀行，信用金庫，信用組合，労働金庫，信用中央金庫，全国信用協同組合連合会，労働金庫連合会
（対象となる預金等）
預金，定期預金，掛金，元本補てん契約のある金銭信託（貸付信託を含む），金融債（保護預かり専用商品に限る）及びこれらの預金等を用いた積立・財形貯蓄商品，確定拠出年金の積立金の運用に係る預金等

出所）　預金保険機構『預金保険制度の解説』2005年4月より作成。

(2) ペイオフの概要

　ペイオフ（payoff）とは，もともと清算するという意味である。広い意味では，銀行が破綻した時の清算業務全体を指すが，一般的には，預金保険機構が破綻した銀行に代わって預金者に一定額の預金の払い戻し（保険金の支払い）をすることを指す。

　ペイオフは金融システムが不安定さを増すなか，一時凍結され全額保護となっていた。これは金融システムの安定を目的としたセーフティネット強化のため実施されたものであるが，一方では，モラルハザードの問題も浮上してきたことから，2005年4月からペイオフが解禁された（図表3－4参照）。

　現在は，預金保険の対象となる預金等のうち，無利息等一定の条件を満たした「決済用預金」は元本全額を保護し，決済用預金以外の預金は

第3章　銀行経営

図表3－4　預金保険制度の創設からペイオフ凍結・解禁まで

年　　月	内　　　　容
1971年4月	預金保険法の制定
7月	預金保険機構の設立　預金の払い戻し上限100万円
1974年改正	預金の払い戻し金が上限300万円に引き上げ
1986年改正	預金の払い戻し金が上限1,000万円に引き上げ
1996年改正	2000年度までペイオフ凍結（全額保護）
～	以後，度重なる解禁の延期
2005年4月	ペイオフの解禁

合算して元本1,000万円とその利息が保護対象となる。決済用預金以外の預金うち1,000万円を超える部分や，保護対象外の預金等については，一部カットされる可能性はあるものの，破綻金融機関の財産状況に応じて支払われる。ただし，過去において銀行等が破綻した時，実際にペイオフが実施されたことはなく，預金保険機構による（救済金融機関に対する）資金援助が優先されている（図表3－5，図表3－6参照）。

図表3－5　預金等の保護範囲（2005年4月以降）

預　金　等		範　　　囲
預金保険の対象預金等	決済用預金	全額保護　元本全額を保護（恒久措置）
	決済用預金以外	合算して元本1,000万円までとその利息等を保護　1,000万円を超える部分は破綻金融機関の財産の状況に応じて支払い（一部カットの可能性）
対象外預金等	外貨預金 譲渡性預金 ヒット等	保護対象外　破綻金融機関の財産の状況に応じて支払い（一部カットの可能性）

出所）　預金保険機構『預金保険制度の解説』2005年4月より作成。

図表3-6　決済用預金

要件	該当する預金
① 決済サービスを提供できること ② 無利息 ③ 要求払い	当座預金 無利息の普通預金 別段預金の一部

出所）　預金保険機構『預金保険制度の解説』2005年4月より作成。

2 不良債権問題

　銀行等の破綻の最も大きな原因の一つが「不良債権問題」である。この問題をどう解決していくかが，経済社会にとっても，また，銀行経営にとっても喫緊の課題となっている。

(1) 不良債権の開示

　不良債権の基準として，貸出金のみを対象とした「リスク管理債権」や貸出金のほか支払承諾等も対象とした「金融再生法開示債権」，「自己査定」がある。
　「リスク管理債権」は銀行法により「金融再生法開示債権」は金融再生法によりそれぞれ開示が義務づけられている。一方，銀行は資産実態を正確に把握するため半年に一度，自己査定を実施している。この「自己査定」には開示義務はなく，自主的な開示にとどまっている（図表3-7参照）。

図表3-7　不良債権の開示

	リスク管理債権	金融再生法開示債権	自己査定
対　象	貸出金	貸出金のほか支払承諾なども対象	貸出金のほか支払承諾なども対象
開　示	銀行法に基づく	金融再生法に基づく	自主的な開示
	開示義務あり		開示義務なし

(2) 不良債権処理

不良債権の処理方法には，貸倒引当金を積むことによる「間接償却」と，その債権をB／Sから消去（オフバランス）する最終処理がある。さらに最終処理には「法的整理」「私的整理」「債権売却」がある（図表3-8参照）。

図表3-8　不良債権処理

			B／Sへの影響	P／Lへの影響
①	間接償却	貸倒引当金を積む	対象債権はB／Sに残る	処理のための費用発生，処理後も収益に影響を与える可能性あり
②	最終処理	法的整理（直接償却）私的整理債権売却	対象債権はB／Sから消去	処理のための費用発生，処理後は収益に影響を与える可能性なし

① 間接償却

間接償却とは，貸出金などをB／Sに資産として残したまま，担保や保証などで保全されていない部分に対して，回収不能となる可能性に応

じ，事前に貸倒引当金を計上することをいう。間接償却の場合，その債権はB／S上に資産として残る。そのため，間接償却を実施した後でも，担保の価格や貸出先の業績に変動があった場合などには，貸倒引当金を増減させる必要が生じ，銀行の利益に影響を与える可能性がある。

② 最 終 処 理

最終処理とは，「法的整理」や「私的整理」または「債権売却」によって不良債権をB／Sの資産から消してしまうことをいう。まず間接償却を行って貸倒引当金を計上し，その後，債務者が破綻して損失が確定した段階などで，最終処理が行われる。最終処理の場合は，償却時点で損失額が確定するため，その後は銀行の利益には影響を与えない。

［法的整理］

法的整理とは，経営困難に陥った企業が会社更生法や破産法などの法律にもとづいて，裁判所の関与のもとに再建・清算されることをいう。法的整理の場合，一般に債権者間の公平性や透明性は確保されるが，手続きが煩雑で時間がかかり，企業価値も低下する可能性がある。

［私的整理］

私的整理とは，経営困難に陥った企業と債権者が，任意の話し合いにより再建を図ったり，会社の資産を処分・清算する方法である。私的整理の手法の一つとして債権放棄があり，銀行が不良債権の一部を放棄して損失処理することで，不良債権のオフバランス化につながる。私的整理は，法的整理と比べて企業の価値低下を最小限に抑えられ時間も節約できるが，銀行が債権放棄するのは，放棄した債権以外の債権についての回収の確実性が高まるなどの要件を満たすケースのみで，限定的である。

[債権売却]

　債権売却とは，対象となる不良債権の一部を第三者に売却し，それによって生じた売却損を損失処理することによって不良債権をオフバランス化する方法である。債権売却の方法は，回収が困難な債権をまとめて売却する，いわゆる「バルクセール」といわれるものが中心となる。

(3) 不良債権処理に伴う経理処理

　不良債権処理を行うことにより費用が発生する。間接償却の場合，「貸倒引当金繰入額」が費用として発生する。また，最終処理のうち，法的整理の経理処理は次のとおり「貸出金償却」によって処理される。この場合，貸倒引当金による「間接償却」に対して，「直接償却」とよばれることがある（図表3－9参照）。

図表3－9　不良債権処理の経理処理

	B/S	P/L	B/S	
	資産	経常費用	資産	
	貸出金	資金調達費用 役務取引等費用 特定取引費用 その他業務費用 営業経費	貸出金	
残る→	不良債権	その他経常費用	不良債権	←消去
	貸倒引当金			
	間接償却		直接償却	
	貸倒引当金繰入額 （費用の発生）	貸倒引当金 （資産の控除）	貸出金償却 （費用の発生）	貸出金 （資産の減少）

銀行は不良債権処理を加速させるため，「有税償却」を積極的に進めている。有税償却とは，償却に係るコストが損金と認められない場合で，税効果会計が適用される。将来，貸出先の倒産などで損失がはっきりした時点で利益と相殺され納税額が減少するため（将来減算一時差異），その分を見込んで繰延税金資産を計上して自己資本を積み増すこととなるが，その妥当性が銀行決算上の大きな波乱要因となっている。

3 自己資本比率規制

　銀行の健全性の指標として，自己資本比率や流動性比率がある。国際決済銀行（ＢＩＳ）に事務局があるバーゼル銀行監督委員会では，銀行の自己資本比率や流動性比率等に関する国際統一基準をバーゼル合意として公表しており，日本を含む多くの国における銀行規制として採用されている。例えば，わが国の「早期是正措置」では，銀行の健全性を促すため，自己資本比率を客観的基準として，この基準が満たされない場合は，その水準に応じて監督当局から銀行に対して必要な是正措置が発動される。

　バーゼル合意は，金融経済環境の変化に伴い何度か見直されてきた。1988年に最初に策定されたのがバーゼル1，2004年に改定されたのがバーゼル2である。その後，世界的な金融危機を契機に，再度見直しが進められ，2010年に新しい規制の枠組みであるバーゼル3について合意が成立した。

(1) 自己資本比率規制（バーゼル1）

　自己資本比率規制とは，銀行が抱えるリスクを計測し，そのリスクに対する最低限の自己資本の保有（最低所要自己資本）を求めるもので，リスク・アセットに対する自己資本の割合で示される。自己資本比率規制（バーゼル1）では，国際統一基準［海外営業拠点（海外支店又は海外現地法人）を有する預金取扱金融機関が対象］では8％以上，国内基準（海外営業拠点を有しない預金取扱金融機関が対象）では，4％以上を確保することが求められた。

　国際統一基準では，信用リスクとマーケット・リスクが，国内基準では，信用リスクがリスク・アセットの対象となっている。信用リスク・アセットは，資金運用先の信用リスクに応じて設定されたリスク・ウェイトにもとづいて算出される。例えば，現金や国債のリスク・ウェイトは0％で結果的にはリスク・アセットに参入されない。また，自己資本比率規制（バーゼル1）では，事業法人向けの貸出のリスク・ウェイトは，一律100％であり，個々の事業法人の信用リスクが正確に反映されない等，いくつかの問題点が指摘されていた。

(2) 自己資本比率規制（バーゼル2）

　バーゼル1は，1998年から見直しが始められ，その結果決まったのがバーゼル2である。

　バーゼル2は，「第一の柱」（最低所要自己資本），「第二の柱」（監督上の検証プロセス），「第三の柱」（市場規律）の三つの柱により構成されており，それぞれの柱が相互に補完し合うことにより，規制全体としての実効性

を高めるというコンセプトとなっている。

　自己資本比率規制（バーゼル2）では，リスク把握の精緻化が図られた。事業法人の信用リスクについては，格付け等に基づき，計測手法の精緻化が図られ，その計測結果にもとづいたリスク・ウェイトが適用されることとなった（図表3－10参照）。この他，オペレーショナル・リスクが規制の対象として新たに追加された。

図表3－10　信用リスク・アセットの算出

信用リスク・アセット＝資産額×リスク・ウエイト
（主なリスク・ウェイト）

日本国債，地方債，現金等	0％
政府関係機関等	10％
金融機関	20％
抵当権付住宅ローン	35％
中小企業・個人	75％
事業法人	格付に応じ，20％～150％（大宗は100％）

　出所）　金融庁『バーゼル3（国際合意）を踏まえた国内対応について』より作成。

(3) 自己資本比率規制（バーゼル3）

　2007年夏以降の世界的な金融危機の経験を踏まえ，その再発を防ぎ，国際金融システムの耐性を高める観点から，バーゼル3が合意された。

　バーゼル3を踏まえた自己資本比率規制（国際統一基準）は，海外営業拠点を有する預金取扱金融機関を対象に2013年3月期から適用される。総自己資本，Tier1，普通株式等Tier1の3段階に対してそれぞれ8％，

6％，4.5％の最低水準がもうけられ，バーゼル2に比べてより厳しい内容となっている（図表3－11参照）。

図表3－11　自己資本比率（バーゼル3）の算出

$$総自己資本比率 = \frac{Tier\,1 + Tier\,2}{リスク・アセット} \geqq 8\%$$

$$Tier\,1比率 = \frac{Tier\,1}{リスク・アセット} \geqq 6\%$$

$$普通株式等Tier\,1比率 = \frac{普通株式等Tier\,1}{リスク・アセット} \geqq 4.5\%$$

$Tier\,1 = 普通株式等Tier\,1 + その他Tier\,1$

出所）　金融庁『バーゼル3（国際合意）を踏まえた国内対応について』より作成。

　普通株等Tier 1とは，Tier 1のうち普通株式，内部留保等の最も損失吸収力の高い資本のことである。のれん等の無形資産・繰延税金資産や他の金融機関の資本保有等は，原則普通株等Tier 1から控除され，その他有価証券の評価差額金等は，普通株式等Tier 1に算入される。

　普通株式等Tier 1比率の最低水準については，2013年に3.5％から開始し，以後，段階的に最低水準が引き上げられ，2015年に4.5％に引き上げられることとなっている。さらに，2016年より「資本保全バッファー」が上乗せ基準として段階的に導入され，2019年より7％規制（完全実施）が開始される（図表3－12参照）。

　バーゼル3を踏まえた自己資本比率規制（国内基準）は，海外営業拠点を有しない預金取扱金融機関を対象に，2014年3月期から適用される。新国内基準では，普通株式，内部留保を中心に強制転換型優先株式（一定期間経つと普通株に強制的に転換される優先株式），一般貸倒引当金等を加

図表3－12　自己資本比率規制（バーゼル3）の概要

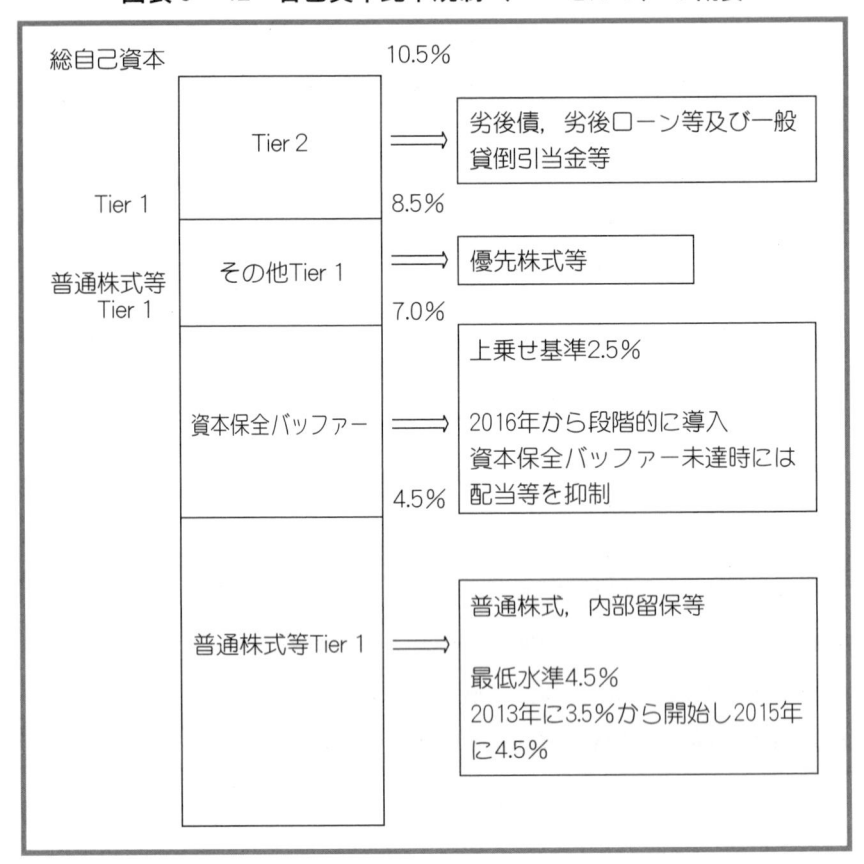

総自己資本		10.5%	
Tier 1	Tier 2		劣後債，劣後ローン等及び一般貸倒引当金等
		8.5%	
普通株式等Tier 1	その他Tier 1		優先株式等
		7.0%	
	資本保全バッファー		上乗せ基準2.5% 2016年から段階的に導入 資本保全バッファー未達時には配当等を抑制
		4.5%	
	普通株式等Tier 1		普通株式，内部留保等 最低水準4.5% 2013年に3.5%から開始し2015年に4.5%

出所）　金融庁『バーゼル3（国際合意の概要）』より作成。

えた「コア資本」のリスク・アセットに対する比率について4％以上を確保することが求められている。

　国際統一基準と同様，無形資産・繰延税金資産や他の金融機関の資本保有等は，コア資本から控除される。また，その他有価証券の評価差額金については，コア資本の額に算入しない（図表3－13参照）。

図表3-13　自己資本比率規制（国内基準）

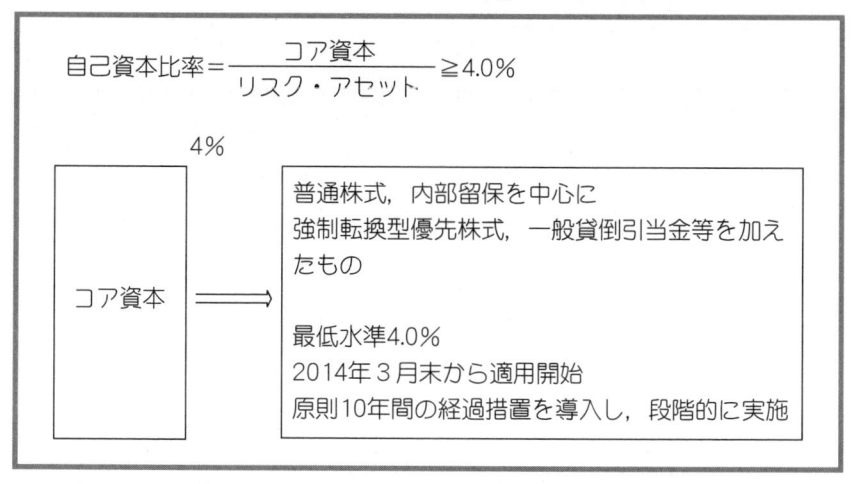

$$自己資本比率 = \frac{コア資本}{リスク・アセット} \geq 4.0\%$$

コア資本（4%）⇒
- 普通株式，内部留保を中心に強制転換型優先株式，一般貸倒引当金等を加えたもの
- 最低水準4.0%
- 2014年3月末から適用開始
- 原則10年間の経過措置を導入し，段階的に実施

出所）　金融庁『バーゼル3（国際合意）を踏まえた国内対応について』より作成。

4　リスク管理

(1)　金融リスクとは

　銀行業務に係わるリスク（以下，金融リスク）には，さまざまな分類，定義があるが，金融庁の「金融検査マニュアル」では次のように定義されている（図表3-14参照）。

　銀行にとって貸出金等の運用資金の元金やその利息が回収できないことは経営に深刻な影響を与える。これが「信用リスク」であり，その具体的なものが，近年の不良債権問題である。

　市場リスクには「金利リスク」「価格変動リスク」「為替リスク」がある。銀行の中心的業務である預貸金業務において，貸出金と預金の元本，

図表3-14　金融リスクの種類とその内容

種　　類	内　　　　容
信用リスク	「信用リスク」とは，信用供与先の財務状況の悪化等により，資産（オフバランス資産を含む）の価値が減少ないし消失し，金融機関が損失を被るリスクである。このうち，特に，海外向け信用供与について，与信先の属する国の外貨事情や政治・経済情勢等により金融機関が損失を被るリスクを，カントリー・リスクという。
市場リスク	「市場リスク」とは，金利，有価証券等の価格，為替等のさまざまな市場のリスク・ファクターの変動により，保有する資産（オフバランス資産を含む）の価値が変動し損失を被るリスクである（それに付随する信用リスク等の関連リスクを含み「市場関連リスク」とする）。
金利リスク	金利変動に伴い損失を被るリスクで，資産と負債の金利又は期間のミスマッチが存在している中で金利が変動することにより，利益が低下ないし損失を被るリスク。
価格変動リスク	有価証券等の価格の変動に伴って資産価格が減少するリスク。
為替リスク	外貨建資産・負債についてネット・ベースで資産超又は負債超ポジションが造成されていた場合に，為替の価格が当初予定されていた価格と相違することによって損失が発生するリスク。
流動性リスク	「流動性リスク」とは，金融機関の財務内容の悪化等により必要な資金が確保できなくなり，資金繰りがつかなくなる場合や，資金の確保に通常よりも著しく高い金利での資金調達を余儀なくされることにより損失を被るリスク（資金繰りリスク）と，市場の混乱等により市場において取引ができなかったり，通常よりも著しく不利な価格での取引を余儀なくされることにより損失を被るリスク（市場流動性リスク）からなる。
事務リスク	「事務リスク」とは，役職員が正確な事務を怠る，あるいは事故・不正等を起こすことにより金融機関が損失を被るリスクである。
システムリスク	「システムリスク」とは，コンピュータシステムのダウン又は誤作動等，システムの不備等に伴い金融機関が損失を被るリスク，さらにコンピュータが不正に使用されることにより金融機関が損失を被るリスクである。

出所）　金融検査マニュアルの資料をもとに作成。

期間，金利は通常ミスマッチであり，それが銀行にとって収益源でもあり，同時に一定のリスクを抱えることともなる。これが「金利リスク」である。金利自由化の進展において預金と貸出金（特に短期貸出金）の金利変動のミスマッチが拡大したことから，金利リスクは増大した（図表3－15参照）。一方，国内の預貸金業務の競争が激化するなか，銀行では新しい収益源として有価証券の運用を増やしたり，国際業務への進出が目立つようになった。そうした業務の拡大に伴い，「価格変動リスク」や「為替リスク」の問題も重要性を増しており，時には銀行経営そのものを揺るがしかねない状況も出てきている。

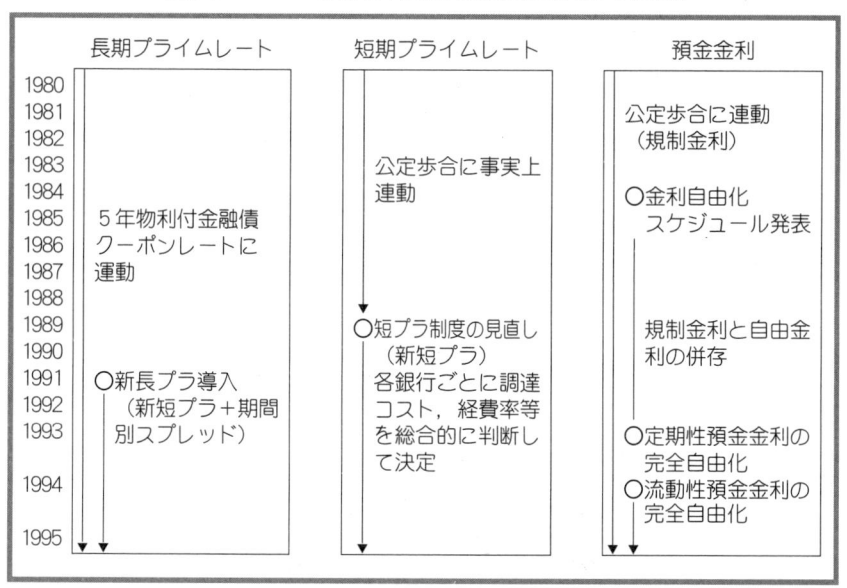

図表3－15　金利自由化と預貸金金利の変化

年	長期プライムレート	短期プライムレート	預金金利
1980			
1981		公定歩合に事実上連動	公定歩合に連動（規制金利）
1982			
1983			
1984	5年物利付金融債クーポンレートに連動		○金利自由化スケジュール発表
1985			
1986			
1987			
1988			
1989		○短プラ制度の見直し（新短プラ）各銀行ごとに調達コスト，経費率等を総合的に判断して決定	規制金利と自由金利の併存
1990			
1991	○新長プラ導入（新短プラ＋期間別スプレッド）		
1992			
1993			○定期性預金金利の完全自由化
1994			○流動性預金金利の完全自由化
1995			

預貸金業務においては，短期調達・長期運用が基本であり，そのミスマッチをカバーするため短期金融市場等を調整手段として資金管理が行われている。ただ，さまざまな理由により必要な資金を調達できなかっ

たり，調達コストが大幅に上昇する場合がある。これが「流動性リスク」である。

銀行業務は，コンピュータ利用の拡大により，大量処理が可能となりその内容も多様化・複雑化してきている。それに伴い，「事務リスク」や「システムリスク」が拡大している。

オペレーショナル・リスクは銀行のオペレーション（業務）に係わるリスクであるが，狭い意味（狭義）では上記の事務リスクとシステムリスクを指す。最近のリスク管理では，伝統的なリスクである信用リスクや市場リスク以外の幅広いリスクをアザーリスクとして総合的に管理の対象にする動きが目立っている。これが広義のオペレーショナル・リスクの考え方である。また，計量可能なオペレーショナル・リスクとは，広義のオペレーショナル・リスクから戦略リスクや風評リスクを除いたものであり，自己資本比率規制（バーゼル2）でも重要な概念である（図表3-16参照）。

図表3-16　オペレーショナル・リスク

銀行のすべてのリスク
信用リスク／市場リスク
広義のオペレーショナル・リスク
狭義のオペレーショナル・リスク
事務リスク／システムリスク

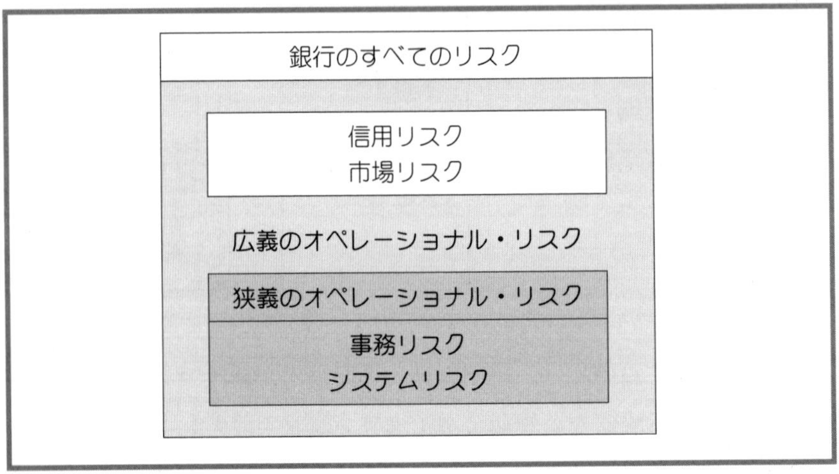

(2) 銀行経営におけるリスク管理の位置づけ

　信用リスク，市場リスク，事務リスク等のリスクは，銀行に限らず一般事業会社においても少なからず存在するものであるが，金融取引（資金取引）が業務の主要な部分を占めるという銀行業務の特殊性，また，資金仲介機能を通じた銀行の公共性により，その現れ方はより複雑に，しかもその影響はより深刻なものとなる可能性があり，それが，銀行に対してより高度なリスク管理体制が求められる理由でもある。銀行のリスク管理は金融・経済環境の変化とともに大きく変化してきた。その意味では，リスク管理は，複雑化し多様化する金融の諸問題を写す鏡でもある。

　銀行経営は従来の護送船団方式による横並び経営から，自己責任原則にもとづく経営へと大きく転換してきている。自己責任原則にもとづく経営は，「リスク管理」と「コンプライアンス（法令遵守）」管理態勢の強化に，外部からの「市場規律による監視」が加わることによって実現される。金融検査や監査はそれらを補完するものと位置づけられる。金融庁の「金融検査マニュアル」は，銀行等のリスク管理，法令遵守態勢に対する金融検査のマニュアルであるが，その内容は公表されており，個別の銀行がリスク管理態勢等のマニュアルを作成するにあたっての基準ともなっている（図表3−17，図表3−18参照）。

図表3－17　金融検査マニュアルの構成

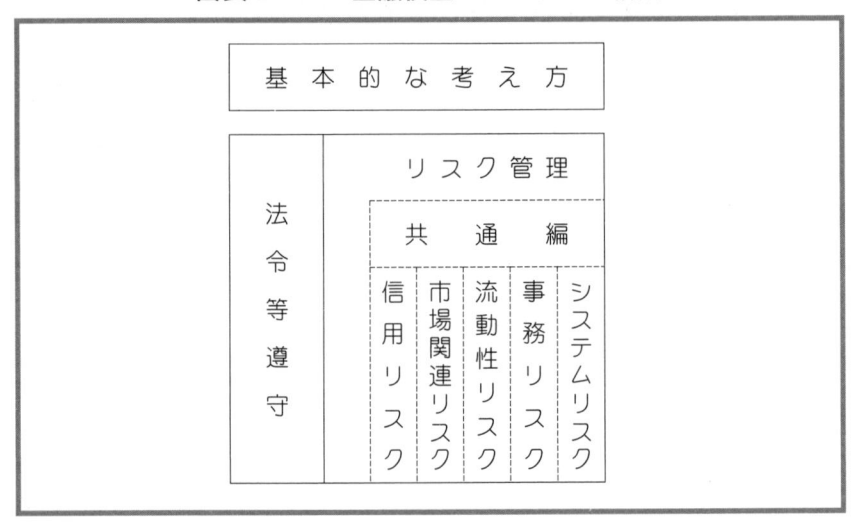

	基本的な考え方			
法令等遵守	リスク管理			
^	共通編			
^	信用リスク	市場関連リスク	流動性リスク	事務リスク
^	^	^	^	システムリスク

出所）金融検査マニュアル。

図表3－18　銀行経営における金融検査マニュアルの役割

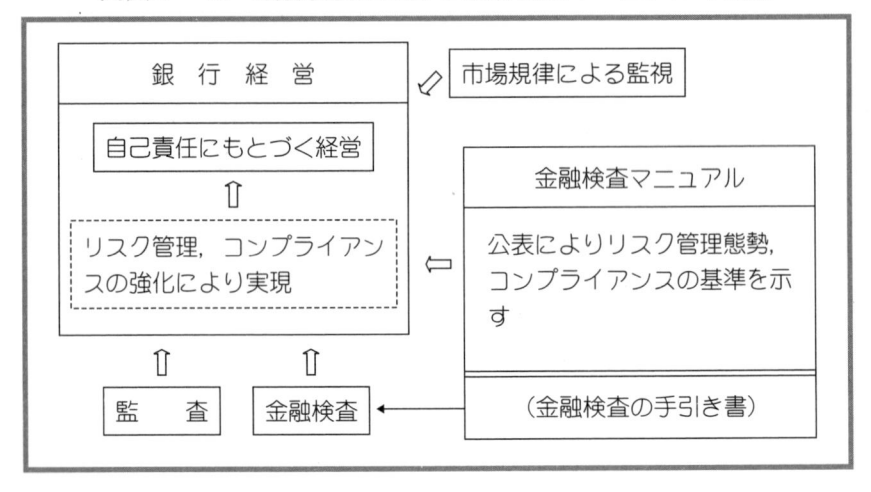

銀行経営
　自己責任にもとづく経営
　　⇑
　リスク管理，コンプライアンスの強化により実現
　⇑　　⇑
監査　金融検査

市場規律による監視

金融検査マニュアル
公表によりリスク管理態勢，コンプライアンスの基準を示す

（金融検査の手引き書）

5　銀行のディスクロージャー

　ディスクロージャー（disclosure）とは経営情報の開示のことである。一般事業法人においても株主等に対するディスクロージャーは重要であるが，銀行は公共性，資金仲介機能を背景に株主などの投資家だけではなく，広く一般の利用者に対してディスクロージャーを行うことがより強く求められる。銀行法第21条で「銀行は，営業年度ごとに，業務および財産の状況に関する事項……を記載した説明書類を作成し，当該銀行の営業所に備え置き，公衆の縦覧に供しなければならない。」とされていて，ディスクロージャーが義務づけられている。毎年8月以降，銀行の営業所（本支店）で，その年の3月末の経営内容を掲載したディスクロージャー誌を見ることができるが，最近では多くの銀行のＨＰに掲載され，より手軽に見ることができるようになっている。ディスクロージャー誌には，銀行の収益性，健全性を見るための経営指標が数多く掲載されている。ただ，その一部を取り上げて銀行経営全体を判断するのは危険であり，個別指標の意味をよく理解したうえで総合的に判断することが必要である。

6　銀行経営の新しい展開

　金融自由化の進展により銀行を取り巻く環境は激変し，銀行経営もそれに対応するため大きな変化を遂げてきた。銀行の中心的業務である預貸金業務においても大きな変化が見られる。預金については金利自由化

は完了する一方，預金商品の設計についても，元本保証を前提として，銀行が自由に行えるようになった。例えば，「株価連動型定期預金」「条件付き金利上乗せ定期預金」「ローン金利優遇預金」などがあげられる。預金以外の商品の取り扱いも急拡大している。従来は，国債等公共債の窓販が中心であったが，1998年に証券投資信託の窓販が，2001年には保険商品の窓販が解禁された。特に，投資信託の窓販では銀行等のシェアが拡大してきている。

　企業向けの貸出では，「コミットメントライン契約」「シンジケートローン」「ＤＩＰファイナンス」等，従来の貸出形態と異なる貸出も見られるようになってきている。個人向けの貸出は，ローンを中心にその商品内容は多様化している。例えば，住宅ローンにおいて固定金利，変動金利の選択は借り手である顧客にとって悩ましい問題であったが，現在は，金利スワップを利用し一定期間後に見直しが可能なタイプのものが登場してきている。

　銀行間の競争が激化し，経営不振に陥ったり破綻する銀行がある一方，従来の銀行の業務形態とは違う，新しいタイプの銀行の参入も目立つようになってきた。

　店舗ネットワークを通じて資金仲介機能や資金決済機能を果たしてきた都市銀行や地方銀行等に分類されない，新しいタイプの銀行が誕生してきている。例えば，事業会社等の異業種による銀行業参入，主として決済サービスの提供を行う業務形態，店舗を保有せずインターネットやコンビニ等に設置したＡＴＭを通じたサービスの提供などが，その特徴としてあげられる。これらの銀行は，徹底したコストの削減や取引対象・業務内容の絞り込みにより次第にその存在感を増してきている。

　従来のタイプの銀行も，熾烈な競争に打ち勝つために徹底したコスト

削減を図る一方，サービス内容の高度化，多様化を進めている。例えば，ネット専業銀行に対抗するためインターネットバンキングの強化やネット支店の開設，また，急速に普及する電子マネーをセットしたキャッシュカードの発行など消費者のニーズに沿ったサービス提供を進めている。

　金融サービスにおける利便性の向上は，一方では事務リスク，システムリスクなどのオペレーショナル・リスクの増加につながる可能性がある。オペレーショナル・リスクは，バーゼル2において新たに規制の対象となった。急激に発達するコンピュータ技術は，銀行業務の拡大，多様化を可能にしてきた。銀行業務はコンピュータ抜きには考えられなくなっており，事務リスクとシステムリスクは表裏一体の不可分のものとなっている。事務リスク管理は銀行業務の基本として長年のノウハウの積み重ねの上に構築されてきたが，コンピュータ技術の急激な発達に伴うリスクの増大，変化に対応できない場合も生じてきている。こうした，銀行を取り巻く環境の変化に対応するため，事務リスクやシステムリスクなどのオペレーショナル・リスクにおいても，新たな発想や手法に基づく管理体制の構築が求められている。このように銀行業務の多様化・高度化に伴いリスク管理態勢，コンプライアンスの徹底が銀行経営にとってますます重要となってきている。

　銀行の基本的な経営理念である公共性・健全性・収益性をバランスよく実現していくためには，その状況を正確に把握することが必要である。そのために，新たな経営指標の導入が図られている。例えば，収益性では業務粗利益，業務純益に加え「コア業務純益」が広く用いられるようになってきている（図表3-19参照）。健全性では，不良債権関係の指標に加え，バーゼル3を受けた自己資本比率規制に関する諸指標への対応

図表 3 − 19　業務粗利益，業務純益，コア業務純益

経　常　収　益	経　常　費　用	経　常　損　益
資金運用収益	資金調達費用	資金運用収支
役務取引等収益	役務取引等費用	役務取引等収支
特定取引収益	特定取引費用	特定取引収支
その他業務収益	その他業務費用	その他業務収支
	営業経費	△営業経費
その他経常収益	その他経常費用	その他経常収支

業務粗利益 （網掛け部分の合計）
＝資金運用収支＋役務取引等収支＋特定取引収支＋その他業務収支
［業務純益］
＝ 業務粗利益 －一般貸倒引当金繰入額－経費（臨時経費除く）
［コア業務純益］
＝ 業務純益 ＋一般貸倒引当金繰入額－国債等債券損益

が重要となっている。この他，銀行経営等に対する市場の評価である「格付け」や「株価」も銀行経営にとって重要な指標となっている。

＜参考文献＞

安田嘉明著『金融リスクと金融機関経営』税務経理協会，1994年。
鈴木淑夫・岡部光明編『実践ゼミナール　日本の金融』東洋経済新報社，1996年。
マッキンゼー金融グループ著『新・銀行の戦略革新』東洋経済新報社，1997年。
鹿野嘉昭著『日本の金融制度』東洋経済新報社，2001年。
日本銀行調査月報「金融機関における統合的なリスク管理」2001年6月号。
金融辞典編集委員会編『大月金融辞典』大月書店，2002年。
『ニッキン資料年報（2003年版）』日本金融通信社，2002年。

第3章　銀行経営

　統合リスク管理研究会編『統合リスク管理入門』（社）金融財政事情研究会，2002年。
　検査マニュアル研究会編　『金融機関の信用リスク検査マニュアルハンドブック』（社）金融財政事情研究会，2002年。
　小山嘉昭著『詳解銀行法』（社）金融財政事情研究会，2004年。
　銀行経理問題研究会編『銀行経理の実務　第8版』（社）金融財政事情研究会，2012年。
　全国銀行協会金融調査部編『図説わが国の銀行』財経詳報社，2013年。

＜参考資料＞
　『大蔵省財務局五十年史』，2000年。
　全国銀行協会『全国銀行財務諸表分析』。
　全国銀行協会『やさしい銀行のよみ方Part 1 ～よくわかる銀行のディスクロージャー』2004年。
　全国銀行協会『やさしい銀行のよみ方Part 2 ～くわしくわかる銀行のディスクロージャー』2004年。
　預金保険機構『預金保険制度の解説』2005年。
　日本銀行『教えて！にちぎん』。
　金融庁『自己資本比率規制（バーゼル2～バーゼル2.5～バーゼル3）について』。

第4章

証券の基礎

第4章 証券の基礎

1 証券の分類

　証券とは財産法上の権利・義務に関する記載をした紙片のことで，証拠証券と有価証券とに大別される。前者は借用証書，受取証書などであり，後者はさらに分けられて，小切手・約束手形などの貨幣証券，貨物引換証・船荷証券・倉庫証券などの商品証券（あるいは物財証券）と，株券，債券など証券市場での取引の対象となる資本証券とに分けられる。一般的に有価証券あるいは証券といえば，資本証券を指しており，金融商品取引法第2条1項に定められている。金融商品取引法による証券の種類には，①国債証券，②地方債証券，③特別の法律により法人の発行する債券（例えば農林債券），④社債券（普通社債，新株予約権付社債など），⑤特別の法律により設立された法人の発行する出資証券（日本銀行の出資証券など），⑥株券または新株予約権証券，⑦証券投資信託または貸付信託の受益証券，⑧外国または外国法人の発行する証券または証書で，①～⑦までのいずれかの証券または証書の性質を有するもの，⑨その他政令で定める証券または証書，などがある。これらを性格的に区分すれば，国債，地方債，社債，金融債など元本の返済が保証された確定利付証券と，株券や受益証券など元本が変動し，収益に応じて配当金や収益分配金が支払われるリスク証券とに大別することができる。

　企業や政府が必要な資金を調達する方法には大きく分けて直接金融と間接金融とがある。

　直接金融とは，企業や政府が株券や債券を発行し，証券市場を通じて，株券や債券の購入者である投資家から資金を調達する方法である。その際，株券や債券の売買を仲介する証券会社などが介在するが，証券会社

は単に株券や債券の仲介・取り次ぎをしているだけであって，これらの証券に付随する価格変動リスクや信用リスク（債務不履行リスク）は資金の拠出者である投資家が負う。だから，直接金融の場合には，投資家の出した資金が誰に使われているかが明確である。一方，間接金融とは，企業が銀行，保険会社などの金融機関に資金を融資してもらって資金を調達する方法である。具体的には，銀行，保険会社などの金融機関が，預金，保険などの形で個人や企業などから資金を集め，この集めた資金を企業が発行する借用証などの証券の取得と見返りに，企業に資金を供給する方法である。間接金融の場合には，借用証などの証券に付随する諸リスクは，間接金融の仲介役である銀行，保険会社などの金融機関が負うことになり，金融機関が経営破綻しない限り，預金者や保険契約者など資金の最終的な拠出者に直接，リスクが及ぶことはない。また，間接金融においては，企業に対する資金供給はあくまで仲介者である金融機関の判断と責任のもとに行われるので，預金者や保険契約者などからみれば，自分たちの出した資金が誰に使われているかは全く不明である。

　ここでは，直接金融およびこれに係わっている資本証券を取り扱うことになるが，そこで，はじめに株券と債券について基本的な事柄を捉えておくことにしよう。

2 株　　　券

　株券は株式会社に対して出資を表す証券である。出資とは，出資金に対する返済保証がなく，また経営者が会社を運営して上がった利益のなかから配当としてその分配を受け得るものである。だから，基本的に，

会社に利益が出なければ分配は受けられない。株券には株式会社の社員（株主）の地位を表す株式があり，これは社員権あるいは株主権ともいい，株主はこの社員たる地位にもとづいて会社に対して種々の権利を有し，義務を負っている。代表的な権利には，自益権としての利益配当請求権（会社法105条），残余財産分配請求権（会社法105条），名義書換請求権（会社法133条）と，共益権としての議決権（会社法308条），株主提案権（会社法303条），株主総会招集請求権（会社法297条），総会決議取消請求権（会社法831条），会計帳簿閲覧請求権（会社法433条），代表訴訟提起権（会社法847条），などがある。

株券の種類には，額面株と無額面株の区別があったが，2001年から額面・無額面の区別を廃止し，株券への券面額の記載は廃止となった。額面株とは株券面に50円とか500円，50,000円というように金額が表示してある株券であり，無額面株とはそのような表示が無い株券である。株主権に差はない。また，株主権の制約から株券には普通株，優先株，後配株がある。普通株は株主権に制限の無い株券（株式）であり，一般的に株式というときには普通株のことをいう。新聞の株式欄に載っているのはほとんどすべてこの普通株である。優先株は普通株に優先して配当や残余財産の分配を受ける権利のある株式である。その代わり議決権が無いものがある。優先株の中にも，優先配当金をもらえなくなったときも，後日，その未払分を普通株に優先してもらえる条件のついた累積的優先株と，このような条件のついていない非累積的優先株とがある。後配株は配当や残余財産分配を普通株より遅れて受ける株式である。

投資家の株式所有の目的は，基本的に，投資収益を得ることである。株式投資における投資収益率は，（配当金＋売却損益）÷投資資金×100（％）で計られる。配当金は企業利益，配当政策などにより決まる。売

図表4－1　材料の分類

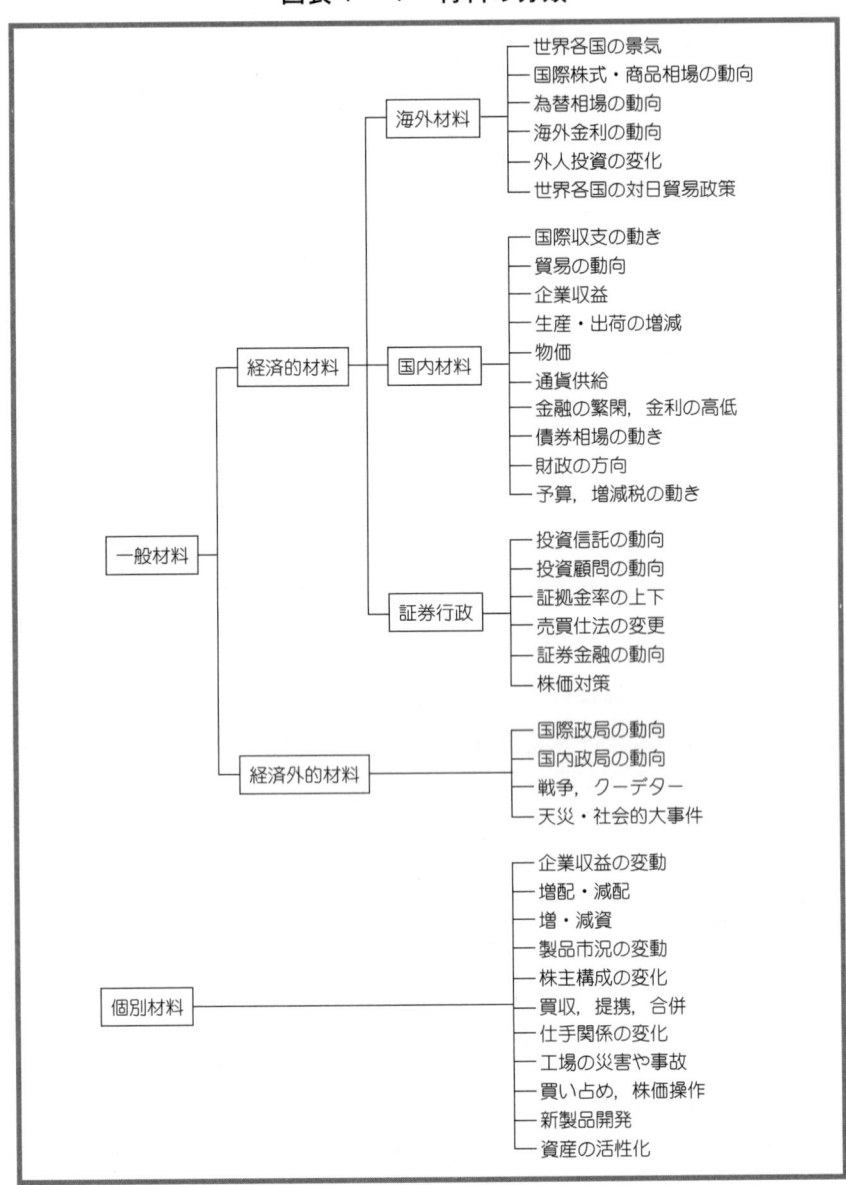

```
                          ┌─ 世界各国の景気
                          ├─ 国際株式・商品相場の動向
                   ┌ 海外材料 ┼─ 為替相場の動向
                   │      ├─ 海外金利の動向
                   │      ├─ 外人投資の変化
                   │      └─ 世界各国の対日貿易政策
                   │
                   │      ┌─ 国際収支の動き
                   │      ├─ 貿易の動向
                   │      ├─ 企業収益
                   │      ├─ 生産・出荷の増減
          ┌ 経済的材料 ┼ 国内材料 ┼─ 物価
          │        │      ├─ 通貨供給
          │        │      ├─ 金融の繁閑，金利の高低
          │        │      ├─ 債券相場の動き
          │        │      ├─ 財政の方向
          │        │      └─ 予算，増減税の動き
          │        │
          │        │      ┌─ 投資信託の動向
          │        │      ├─ 投資顧問の動向
          │        └ 証券行政 ┼─ 証拠金率の上下
一般材料 ┤               ├─ 売買仕法の変更
          │               ├─ 証券金融の動向
          │               └─ 株価対策
          │
          │               ┌─ 国際政局の動向
          │               ├─ 国内政局の動向
          └ 経済外的材料 ────┼─ 戦争，クーデター
                          └─ 天災・社会的大事件

            ┌─ 企業収益の変動
            ├─ 増配・減配
            ├─ 増・減資
            ├─ 製品市況の変動
            ├─ 株主構成の変化
個別材料 ────┼─ 買収，提携，合併
            ├─ 仕手関係の変化
            ├─ 工場の災害や事故
            ├─ 買い占め，株価操作
            ├─ 新製品開発
            └─ 資産の活性化
```

出所）　日本経済新聞社編『株式入門』日本経済新聞社，1997年，p.98.

却損益は株価の変動によって大きく影響を受ける。株価の変動要因にはさまざまな事柄がある（図表4－1参照）。しかし，基本的には企業業績であり，なかでも1株当たりの税引き後純利益とその成長率は大きな要因である。しかも，株式投資の大半はこれからどうなるという将来予想をもって行われるから，株価動向に影響を与える企業業績も予想値のウェイトが大きい。

3 債　　券

債券は発行体からすると債務であり，したがって投資家は出資者ではなく債権者つまり資金の貸し手となる。債券は国内債とその他の債券とに分けられ，国内債には公共債と民間債があり，その他の債券には円建て外債がある。

(1) 公　共　債

国が発行する国債，地方公共団体が発行する地方債，公庫が発行する政府保証債がある。

① 国　債……利付国債と割引国債がある。最低額面は5万円。ただし，個人向け国債は最低額面1万円。利付国債は年2回定期に利息を受け取るもので，2～40年満期の債券である。割引国債は償還差益を償還金額から差し引いて払い込む債券である。1年以内と3年，5年満期の債券であり，満期には償還金額が償還される。したがって，償還金額（額面）と購入価格との差額が償還差益となる。

② **地方債**……年2回定期に利息を受け取るもので，額面は1万円，3年～30年満期の債券であり，ミニ公募債としてよく発行されている。

③ **政府保証債**……公庫が万が一の場合，政府がこれらに代わって元利金を支払う債券である。額面は10万円，10年満期，年2回定期に利息が支払われる。

(2) 民 間 債

事業会社が発行する事業債と金融機関が発行する金融債とがある。事業債には普通社債と新株予約権付社債があり，金融債には利付金融債と割引金融債がある。

① **普通社債**……年1～2回定期に利息を受け取るもので，額面は10万円，50万円，100万円，1～20年満期の債券である。

② **新株予約権付社債**……転換社債型新株予約権付社債と新株予約権付社債がある。前者は一定の期間内に株式に転換できる権利の付いた社債であり，転換社債の間は年1～2回定期に利息を受け取ることができ，額面は10万円，50万円，100万円，2～15年満期の債券である。利息は普通社債よりも低く，ゼロクーポンのものもある。転換に際しては新たな資金の拠出は必要なく，転換後は投資家は社債権者から株主となる。後者は一定の期間内に新株を発行してもらいそれを買うことのできる権利の付いた社債である。権利を行使した際には，新たな資金の拠出が必要である。投資家はこれまでと同じく社債権者であり，同時に新たに株主となる。額面は50万円，100万円，年1～2回の定期利息，4～10年満期の債券である。

③ **利付金融債**……額面は1万円単位（売出債），1千万円以上1千万円単位（募集債），5年満期の債券である。

④ **割引金融債**……償還差益を償還金額より引いた金額を払い込み，償還は額面金額を受け取る債券である。したがって，償還金額と購入価格の差額が償還差益となる。額面は1万円以上，1年満期である。

(3) その他の債券

円建て外債がある。サムライ債ともよばれ，国際機関や外国の政府，団体，企業などが日本国内で発行する円貨表示の債券である。

(4) 金利と現在価値，将来価値

金利には単利と複利がある。金利の利率は年利であり，年2回であれば1回につき年利の半分が適用される。例えば，年利が5％であれば半年1回につき2.5％となる。

① **単　利**……毎年，元金（額面）に確定利率を乗じた金額を利息として受け取るのが単利である。

（例）額面1万円，利率5％，3年満期

```
              元　金      利　息        期末の元利合計
1年後    10,000＋10,000× 5 ％      ＝   10,500円
2年後    10,000＋10,000× 5 ％× 2  ＝   11,000円
3年後    10,000＋10,000× 5 ％× 3  ＝   11,500円
                        利息の合計＝    1,500円
```

今，利率を r ，期間を t とすると元利合計は，

$$10,000+10,000 \times r \times t = 10,000 \times (1+rt)$$

となる。10,000円は現在価値，期末の元利合計は将来価値なので，

　　将来価値＝現在価値×(1＋r t)

となる。

② **複　利**……その年その年，期初の元利合計に確定利率を乗じた金額を利息として受け取るのが複利である。

　(例)　額面1万円，利率5％，3年満期

	期初の元利合計	利　息	期末の元利合計
1年後	10,000	＋10,000×5％＝	10,500円
2年後	10,500	＋10,500×5％＝	11,025円
3年後	11,025	＋11,025×5％＝	11,576円
		利息の合計＝	1,576円

　これを書き直すと次のようになる。

　　1年後　$10,000+10,000 \times 5\% = 10,000 \times (1+5\%)$
　　2年後　$10,000 \times (1+5\%) + 10,000 \times (1+5\%) \times 5\%$
　　　　　$= 10,000 \times (1+5\%) \times (1+5\%)$
　　3年後　$10,000 \times (1+5\%) \times (1+5\%) + 10,000 \times (1+5\%)$
　　　　　$\times (1+5\%) \times 5\%$
　　　　　$= 10,000 \times (1+5\%) \times (1+5\%) \times (1+5\%)$

今，利率をr，期間をtとすると期末の元利合計は，

$$10,000 \times (1+r) \times (1+r) \times (1+r) = 10,000 \times (1+r)^t$$

となる。10,000円は現在価値，期末の元利合計は将来価値なので，

　　将来価値＝現在価値×$(1+r)^t$

となる。

③ **現在価値と将来価値**……これまでは現在価値，利率，償還までの期間が分かっているとき将来価値はいくらとなるかということで考えてきたのであるが，ここでは逆に将来価値，利率，償還までの期

間が分かっているとき理論値としての現在価値はいくらとなるかを考えてみる。それは，時価（市場価格）と理論値としての現在価値を比較することによって，その時点で当該債券を購入するのに割高か割安かの判断に資するものである。

そうすると，上述の単利，複利の関係式はそれぞれ次のようになる。

　　単利の場合　現在価値＝将来価値÷（１＋ｒｔ）

　　複利の場合　現在価値＝将来価値÷（１＋ｒ）^{t}

現在価値の使い方は，例えば次のようである。

今，年利（単利）４％で１年後に100万円となる債券があり，この債券の時価が978,965円しているとする。

　　現在価値＝100万円÷（１＋0.04×１）＝961,538円

となり，したがって，時価＞理論値としての現在価値となる。

ゆえに，当該債券を今購入するのは割高となる。

＜参考文献＞

鈴木芳徳『証券市場入門』白桃書房，2004年。
熊谷　巧『新版　証券の基本』日本経済新聞社，2001年。
『株式入門』日本経済新聞社，1997年。
『株式入門　第４版』日本経済新聞社，2004年。
『現代日本の証券市場　2004年版』日本証券経済研究所，2005年および同2012年版，2012年。
証券広報センター『証券市場　2005』中央経済社，2005年。
加美和照『会社法　第８版』勁草書房，2003年。
『東証要覧　FACT BOOK　2012』東京証券取引所，2012年。

第5章 証券市場

1 発行市場と流通市場

　証券市場は二つの市場から成り立っている。発行市場と流通市場である。

　発行市場は株式会社から投資家へ証券が提供され，投資家から株式会社へ資本が供給される市場，つまり株式会社からみて資本の調達市場である。この市場で初めて証券が新規発行証券として登場する。その意味で発行市場を第一次市場ともいう。証券を発行するには二通りがあり，一つは発行者（株式会社）が発行手続きのすべてを行う直接発行であり，もう一つは発行手続きの全部または一部を仲介者に委託する間接発行である。間接発行の際の仲介を行うのが証券会社や銀行など証券業務を営める者である。その際，後述するように，既に発行された有価証券については，売出しや売出しの取り扱い，新たに発行される有価証券については，引受や募集を通じて行われる。

　流通市場は証券が投資家相互の間を流通している市場，つまり資本の流動化市場であり，そこでは証券の譲渡自由性が現実化し，投資家の資本提供が随時回収可能となっている。この市場は発行市場を経由して既発行証券の流通が行われている市場であり，その意味で第二次市場ともいう。流通市場には取引所市場と取引所外市場＊がある。

　証券市場はこのように発行市場と流通市場との二つに区別できるものの，二市場は，例えば図表5－1のように，密接不可分の相関関係・相互依存性の下にある。つまり，流通市場の価格の上昇傾向・下降傾向や市場取引量の多少などは証券の発行時期に影響を与えるし，債券の期間，利子率，償還方法は価格の高低に影響を与える。

図表 5 － 1　発行市場と流通市場の相関関係・相互依存性

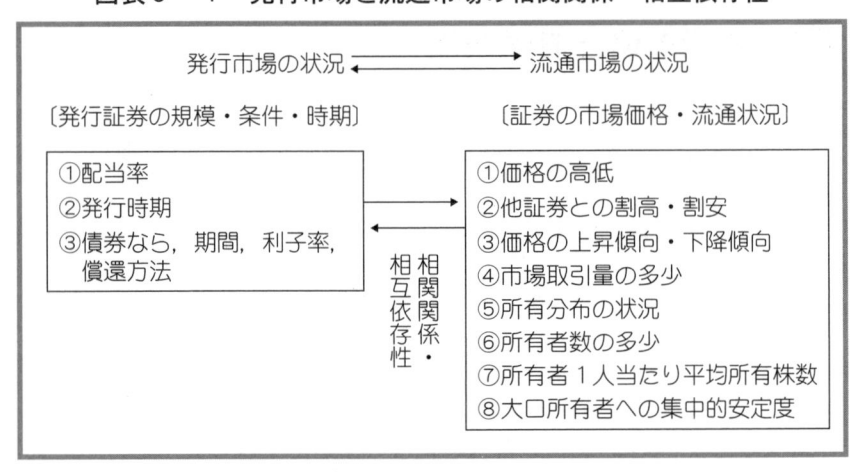

```
           発行市場の状況 ←――――→ 流通市場の状況
        〔発行証券の規模・条件・時期〕      〔証券の市場価格・流通状況〕
       ┌─────────────┐    ┌──────────────────┐
       │ ①配当率           │    │ ①価格の高低                │
       │ ②発行時期         │    │ ②他証券との割高・割安      │
       │ ③債券なら，期間，利子率，│←→│ ③価格の上昇傾向・下降傾向  │
       │   償還方法         │相 相│ ④市場取引量の多少          │
       │                   │互 関│ ⑤所有分布の状況            │
       │                   │依 関│ ⑥所有者数の多少            │
       │                   │存 係│ ⑦所有者1人当たり平均所有株数│
       │                   │性 ・│ ⑧大口所有者への集中的安定度│
       └─────────────┘    └──────────────────┘
```

出所）鈴木芳徳『証券経済論』税務経理協会，1997年，p.96.

* **取引所外取引**……金融ビッグバンにより1998年12月に，それまで上場株券などは取引所への取引集中義務があったのを撤廃し，それを機に，上場株券でも，証券会社と投資家との相対取引やネットで結んだ私設取引システム（PTS:Proprietary Trading System。マネックス・ビーンズ証券，インスティネット証券，ＳＢＩジャパンネクスト証券，楽天証券などが手掛けている）での売買の仲介ができるようになった。これにより，取引時間の拡大，取引のスピードアップ，手数料の引き下げなどが進んだ。上場株式売買代金の構成比は，2011年で7.835％を占めている。

2　証券市場の機能

　証券市場は，①発行市場において，投資家の小額の提供額を数多く合体することによって巨額な株式会社の所要資本を実現し，②流通市場において，投資家には短期の資金回流を実現することによって長期安定な

第5章 証券市場

株式会社の資本を形成している。つまり，証券市場は，小額の資本を巨額の資本へ，また短期の資本を長期の資本へというように資本の性格を転換する機能を有している。図表5－2はこの間の一連の事情を示している。

発行市場の①の内容，流通市場の②の内容はともに投資家の資産運用に資するものであって，証券市場はその機能を有している。また，流通市場は転売市場であるから投資家は証券保有に伴うリスクをいつまでも抱え込むことなく他に転嫁することが可能である。

図表5－2　資金の性格，資金の転換および資金の形成

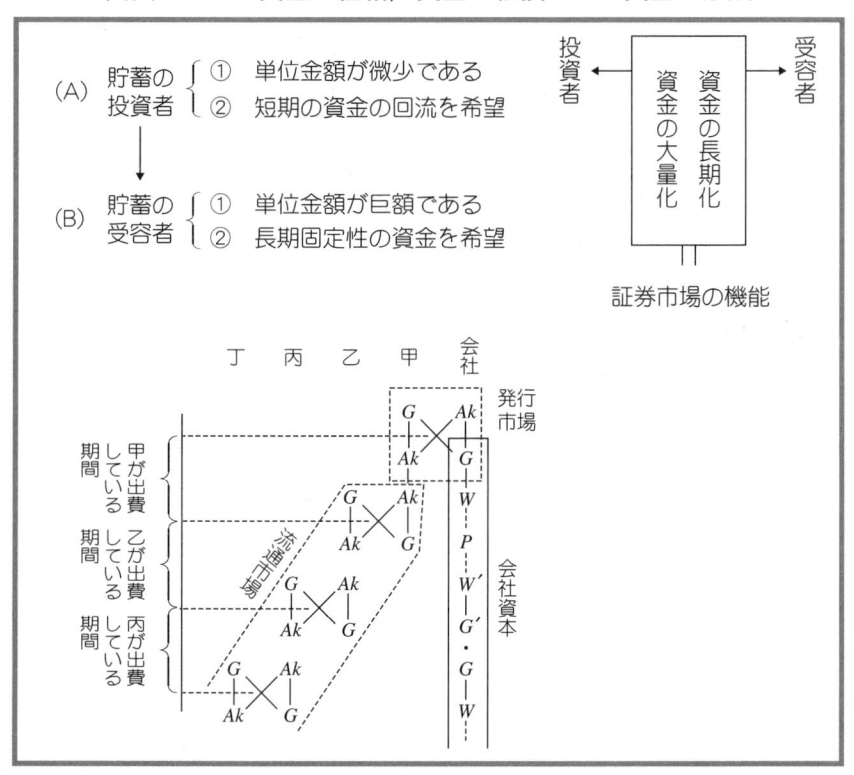

出所）　鈴木芳徳『証券経済論』税務経理協会，1997年，p.6，pp.88－89.

さらに証券市場はコーポレート・ガバナンス機能を有しており，それがよく発揮されるのが株式市場においてである。

① 企業のファンダメンタルズ（収益性・成長性など）を反映した公正な株価形成により企業評価がなされ，流通市場（売買高）や発行市場（資本調達）の状況に関して業績の良い企業には多くの資金が集まり，悪い企業には少なくしか集まらないことで，悪い企業には業績改善を働きかける。

② 業績が悪いものの潜在的成長力を有する企業に対してはtake-overが実施される可能性が大きくなる。

③ take-overの実在によって経営者に脅威を与え，良い業績指向を促す。いわゆる「おびえの効果」である。

④ 業績や経営方針への不満のとき，あるいは通常のときでさえ経営者との議論や株主総会での投票などを行う。

3 証券業務

証券会社が中心として行う証券業務には四つある。①ディーラー（自己売買）業務，②ブローカー（委託売買）業務，③アンダーライター（引受）業務，④ディストリビューター（売捌）業務である。①と②は流通市場に，③と④は発行市場に関係している。

① ディーラー業務

証券会社自らが有価証券の売買当事者となり，自己の名前と計算によって行う売買である。証券会社自身がいわば投資家となるものであり，

したがって利益もしくは損失を負うのは証券会社自身となる。

② ブローカー業務

証券会社が顧客の注文を受け，証券会社の名義で有価証券の売買を行うことである。売買による利益もしくは損失は顧客に帰属する。

③ アンダーライター業務

（ⅰ） 有価証券の引受

　　株式会社などが新しく発行する有価証券を証券会社が，それを売り出す目的で買い取ることである。これには，当該有価証券をあらかじめ取得する買取引受と当該有価証券を取得するものがいないとき，その残部を取得する残額引受とがある。

（ⅱ） 有価証券の売出し

　　既に発行されている有価証券を証券会社が買い取って不特定多数の投資家に均一の条件で買付けの申し込みを勧誘することである。これは，例えば創業者大株主（一族）が100％株式を所有している株式会社で公開・上場するときに創業者大株主（一族）が一定以上の株式を放出し，浮動株主*を作るときに行われる。つまり，証券会社が放出される創業者大株主の持株を一括買い取って不特定多数の投資家に売却するのである。

* **浮動株主**……投資家のなかでも，経営への参加よりも配当金や売却益を目的に投資を行い，長期保有でなく比較的短期間のうちに売買する株主である。浮動株主の判断は難しいところではあるが，だいたい持株数が5万株未満（1単元1,000株の会社の場合には50単元未満）であるとみられている。浮動株主の多い会社は買収の危険が出てくるし，少ない会社は株価の乱高下がありがちとなる。

④　ディストリビューター（セリング）業務
（ⅰ）有価証券の募集

　　　株式会社などが新しく発行する有価証券を証券会社は買い取らないで不特定多数の投資家に均一の条件で買付けの申し込みを勧誘することである。勧誘の対象者が50人以上の場合（専門知識をもった機関投資家だけの場合は除く）に公募という。

（ⅱ）有価証券の売出しの取り扱い

　　　既に発行されている有価証券を証券会社は買い取らないで不特定多数の投資家に均一条件で買付けの申し込みを勧誘することである。上述の「売出し」の例に従った場合，放出株の売れ残りの危険は創業者大株主が負うのである。

　このような証券業務の全部または一部を行う証券会社は2011年末で290社ある。

　なお，証券取引法の改正により2004年4月1日に，一般事業会社または個人が，証券会社などの委託を受けてその証券会社などのために，有価証券の売買などの媒介および有価証券の募集もしくは売出しの取り扱い，または私募の取り扱いを行うことのできる証券仲介業が導入された。次いで，同年12月1日には銀行，保険会社などにも解禁された。証券仲介業者は証券取引の契約当事者にはならない。つまり，証券仲介業者は顧客の注文を証券会社などに取り次ぐのであって，顧客は委託元の証券会社などと取引をするのである。だから，顧客口座はその証券会社などが所有・管理する。また，トラブルの責任も証券会社などが負うことになる（図表5-3参照）。

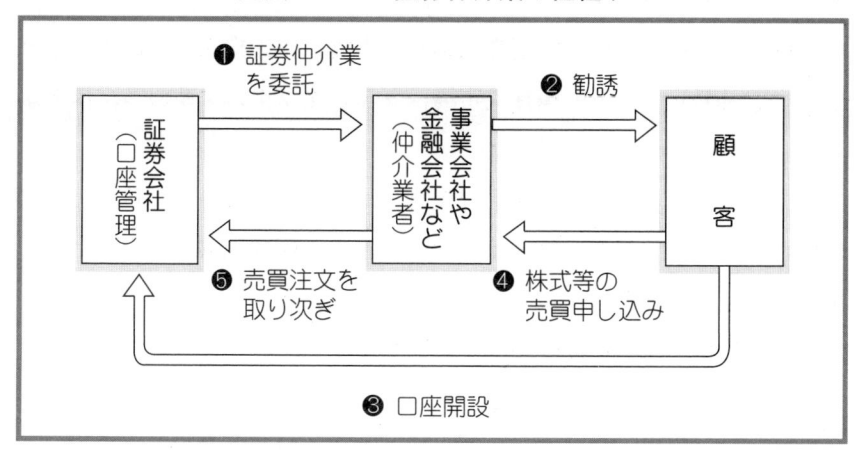

図表5－3　証券仲介業の仕組み

❶ 証券仲介業を委託
❷ 勧誘
❸ 口座開設
❹ 株式等の売買申し込み
❺ 売買注文を取り次ぎ

証券会社（口座管理）　事業会社や金融会社など（仲介業者）　顧客

出所）『日本経済新聞』2004年9月24日朝刊。

4　取引所取引

(1) 上場基準

　証券取引所で証券を売買できるようにすることを公開というが，それには一定の基準である上場基準をクリヤーしなければならない。逆に，基本的にこれらの基準を満たさなくなると上場廃止となる。

　わが国には，現在，五つの証券取引所がある。日本取引所グループ（東京証券取引所，大阪証券取引所），名古屋証券取引所，札幌証券取引所，福岡証券取引所である。それぞれに市場が開設されている。主要な市場には次のようなものがある。

- 日本取引所グループ
  - 東京証券取引所……内国株式第一部市場，内国株式第二部市場，外国株式市場，ジャスダック，マザーズ，債券市場など。
  （現物市場）
  - 大阪証券取引所……日経平均先物・オプション市場，ＴＯＰＩＸ先物・オプション市場，国債先物市場など。
  （デリバティブ市場）
- 名古屋証券取引所……第一部市場，第二部市場，セントレックス
- 札幌証券取引所……札幌市場，アンビシャス
- 福岡証券取引所……福岡市場，Ｑ－ＢＯＡＲＤ

　この中で，日本取引所グループとは，日本市場の国際競争力を高めるために2013年1月1日に東京証券取引所と大阪証券取引所が経営統合して発足した持ち株会社である。これにより，2013年1月〜6月の株式売買額（億ドル）が，また上場企業数（2013年7月16日時点。世界の他の取引所は同年6月末時点）においても世界第3位の市場となった。将来は金や原油など商品取引も扱う総合取引所へ転換することを視野に入れている。

　さて，ここでは，東京証券取引所の内国株式第一部（図表5－4の市場第一部銘柄指定基準）と同第二部（図表5－4の上場審査基準），それとマザーズの株券上場基準（図表5－5）をあげておこう。

第5章　証券市場

図表5－4　内国株券上場審査・指定基準（概要）

平成24年3月9日現在

項　目	有価証券上場規程（本則市場形式要件）	新規上場に係る市場一部銘柄への指定（市場第一部に直接上場する要件）
(1) 株主数（上場時見込み）	800人以上	2,200人以上
(2) 流通株式（上場時見込み）	a．流通株式数　4,000単位以上 b．流通株式時価総額　10億円以上 c．流通株式数（比率）　上場株券等の30％以上	a．流通株式数　2万単位以上 b．流通株式数（比率）上場株券等の35％以上
(3) 時価総額（上場時見込み）	20億円以上	250億円以上
(4) 事業継続年数	新規上場申請日の直前事業年度の末日から起算して，3か年以前から取締役会を設置して，継続的に事業活動をしていること	同左
(5) 純資産の額（上場時見込み）	連結純資産の額が10億円以上（かつ，単体純資産の額が負でないこと）	同左
(6) 利益の額又は時価総額（利益の額については，連結経常利益金額）	次のa又はbに適合すること a．最近2年間の利益の額の総額が5億円以上であること b．時価総額が500億円以上 （最近1年間における売上高が100億円未満である場合を除く）	同左
(7) 虚偽記載又は不適正意見等	a．最近2年間の有価証券報告書等に「虚偽記載」なし b．最近2年間（最近1年間を除く）の財務諸表等の監査意見が「無限定適正」又は「除外事項を付した限定付適正」 c．最近1年間の財務諸表等の監査意見が原則として「無限定適正」 d．申請会社に係る株券等が国内の他の金融商品取引所に上場されている場合にあっては，次の(a)及び(b)に該当するものでないこと	同左

		(a) 最近1年間の内部統制報告書に「評価結果を表明できない」旨の記載 (b) 最近1年間の内部統制監査報告書に「意見の表明をしない」旨の記載	同左
(8)	株式事務代行機関の設置	東証の承認する株式事務代行機関に委託しているか，又は当該株式事務代行機関から株式事務を受託する旨の内諾を得ていること	同左
(9)	単元株式数及び株券の種類	単元株式数が，100株となる見込みのあること 新規上場申請に係る株券等が，次のaからcのいずれかであること a．議決権付株式を1種類のみ発行している会社における当該議決権付株式 b．複数の種類の議決権付株式を発行している会社において，経済的利益を受ける権利の価額等が他のいずれかの種類の議決権付株式よりも高い種類の議決権付株式 c．無議決権株式	同左
(10)	株式の譲渡制限	新規上場申請に係る株式の譲渡につき制限を行っていないこと又は上場の時までに制限を行わないこととなる見込みのあること	同左
(11)	指定振替機関における取扱い	指定振替機関の振替業における取扱いの対象であること又は取扱いの対象となる見込みのあること	同左
(12)	合併等の実施の見込み	次のa及びbに該当するものでないこと a．合併，会社分割，子会社化若しくは非子会社化若しくは事業の譲受け若しくは譲渡を行った場合又は2年以内に行う予定のある場合で，新規上場申請者が当該行為により実質的な存続会社でなくなる場合 b．新規上場申請者が解散会社となる合併，他の会社の完全子会社となる株式交換又は株式移転を2年以内に行う予定のある場合	同左

出所）東京証券取引所：http://www.tse.or.jp/rules/listing/stlistig.html

図表5-5　マザーズ株券上場審査基準

平成24年3月9日現在

項目＼基準名	上　場　審　査　基　準
株主数*1	300人以上（公募500単位）
流通株式*1*2	a　流通株式数　2,000単位以上 b　流通株式時価総額　5億円以上 c　流通株式数（比率）　上場株券等の25%以上
時価総額*1	10億円以上
事業継続年数	新規上場申請日から起算して，1年前以前から取締役会を設置して継続的に事業活動をしていること
利益の額	利益の額に関する基準は設けていません
虚偽記載または不適正意見等	a　「上場申請のための有価証券報告書」に添付される監査報告書（最近1年間を除く）において，「無限定適正または「除外事項を付した限定付適正」 b　「上場申請のための有価証券報告書」に添付される監査報告書（最近1年間）において「無限定適正」
その他	東証の承認する株式事務代行機関に委託しているか，または当該株式事務代行機関から株式事務を受託する旨の内諾を得ていること　等

＊1　上場時の公募等により満たす基準であり，上場申請いただく段階で満たしている必要はありません。

＊2　流通株式，大株主及び役員等の所有する有価証券，申請会社が所有する自己株式など，その所有が固定的でほとんど流通可能性が認められない株式を除いた有価証券をいいます。

出所）東京証券取引所：http://mothers.tse.or.jp/listing/index.html

(2) 証券取引所における取引の仕組みと決済

多くの証券は証券取引所で売買されている。証券取引所には二つの役割があって、一つは価格発見機能（合理的な価格形成）であり、もう一つは流動性の保証（恒常的な売買）である。以下では、証券取引所における取引の仕組みと決済について株券を中心にみてみよう。

〔1〕 売買立会時間

1日の売買は前場と後場に分かれており、前場は9：00～11：30、後場は12：30～15：00となっている。

〔2〕 単元株制度

証券取引所での売買には単元株制度が導入されている。これは、まず1982年に1株の額面が5万円とされ、その後に設立された株式会社は、ＮＴＴ、ＪＲ東日本、ＪＲ西日本などすべて1株の額面5万円の株券である。しかし、それまでに上場している株式会社の1株の額面は大多数が50円であった。これをすべて5万円株に発行し直すのは手間とコストが膨大となる。それでその年同時に単位株制度が導入された。つまり、1株5万円に合わせて1単位株を1,000株とした。しかし、株価はあくまでも1株の価格であり、したがって株価1,000円なら1単位取引額は100万円、株価5,000円なら1単位取引額は500万円、10,000円なら1単位取引額は1,000万円となる。金額が高くなりすぎると投資家、特に個人投資家は取引に参加できなくなる。それで1単位株数のくくり直しが認められていた。しかし、そこには1単位の純資産が5万円以上という制限があった。つまり、1単位株数が1,000株として、その純資産額が

50万円している場合は1単位株数を100株としてもその純資産額は5万円となるので1単位株数のくくり直しはできる。しかし，1単位株数1,000株の純資産額が40万円の場合には，1単位株数を100株にしたらその純資産額は4万円になるので1単位株数のくくり直しはできないことになる。かくして，純資産の少ない企業は1単位株数のくくり直しができないことになる。そこで2001年に，1取引単位数を企業が，原則，自由に決めることができる単元株制度に移行した。それで，1単元株数を下げる企業もかなり出てきているが，多くは単位株制度の株数のまま1単元株数を1,000株としていた。しかし，近年は100株が多くなっている。すなわち，2011年末，東京証券取引所第一部市場の上場企業の51.0%が100株であり，1,000株は41.0%である。なお，単元株の場合，議決権は1単元について1個を有することとなっている。

〔3〕 取引の方法

さて，そのうえで，前述した東京証券取引所などの証券取引所では個別競争売買が行われているのであるが，そこでは具体的にどのような仕方で売買を成立させているのであろうか。

① 注文の出し方

指し値注文と成り行き注文がある「指し値注文」とは投資家が値段を指定した注文であり，買い注文であれば指定された値段かそれ以下で約定（やくじょう）され，売り注文であれば指定された値段かそれ以上で約定される。だから，うまく相手が現れず約定に時間がかかるときがある。「成り行き注文」とは投資家がいくらの値段（株価）でもよいから約定してほしいという注文である。まさに市場の成り行きに任せる注文であ

る。「成り行き注文」は相手の注文がある限り，直ちに約定となる。しかし，思わぬ高値買い，安値売りになることもありうる。

② 取引の原則

売買を約定するには一定の原則がある。代表的には，（ⅰ）「価格優先の原則」と（ⅱ）「時間優先の原則」である。（ⅰ）「価格優先の原則」とは，売り注文であれば値段の安い注文の方が優先して約定され，買い注文であれば値段の高い注文の方が優先して約定されるということである。売り手はできるだけ高く売りたいから，買い手はできるだけ安く買いたいからそうなる。（ⅱ）「時間優先の原則」とは，売り注文でも買い注文でも，同じ値段に複数の注文がある場合，早く出された注文が優先して約定されるということである。これからみる注文控（板）では，値段の欄に近い数字から遠い数字の方へ向けて時間的に順に注文が出されていることを表している。

以上のことを踏まえて，以下では，証券取引所での簡単な約定過程をみてみよう。証券取引所ではオークション方式での取引が行われている。

③ オークション（付き合わせ）方式

取引所取引はオークション（付き合わせ）取引である。1日の取引では二つの方法で行われている。

（イ） 板寄せ方式

前場，後場の取引開始後の最初（寄り付き）の値段や前場，後場の引けの値段を決める方式である。この場合は，すべての注文が同時に出されたとみなして，約定値段は単一の価格において決定される。その単一の約定値段は，次の条件に基づいて決められる。

ⓐ 成り行き注文がすべて売買できる。
ⓑ 約定値段よりも高い買い注文と安い売り注文がすべて売買できる。
ⓒ 約定値段で売り，買いどちらかの注文とすべて売買でき，他方も1単元以上が売買できる。

図表5－6　注文控（板）の例

（成り行き欄）③	銘柄名	（成り行き欄）①
売り呼値　←	値　段	→　買い呼値
	587円	
	586円	
	585円	
①	584円	2, 4, 3, 1
1	583円	5, 6
	582円	

　図表5－6は某銘柄の注文控とする。注文控のことを業界では板と呼んでいる。「売り呼値」，「買い呼値」の下に数字があるが，それは顧客から受けて出した証券会社の注文，あるいは証券会社自らの注文を表している。単位は千株であり，○に囲まれている場合は万株とする。例えば，4は4,000株，①は1万株を表している。
　さて，このとき，板寄せでの取引成立は次のような表を作って考えれば分かりやすい。

成り行き欄	銘柄名	成り行き欄
	値段	
41,000株	587円	10,000株
41,000株	586円	10,000株
41,000株	585円	10,000株
41,000株	584円	20,000株
31,000株	583円	31,000株
30,000株	582円	31,000株

つまり，583円で売り注文31,000株，買い注文31,000株は，上記の条件ⓐ，ⓑ，ⓒを充たしている。ゆえに，単一の価格583円で31,000株の売買が成立することになる。

（ロ）ザラバ方式

寄り付きの値段が決まった後の立会時間中の値段を決める方式である。この場合は，価格優先の原則と時間優先の原則に従って取引は成立させられ，値段（株価）は変動する。

図表5－7　注文控（板）の例

（成り行き欄）	銘柄名	（成り行き欄）
売り呼値　←	値段	→　買い呼値
3，7，4	587円	
8，2，3，①	586円	
②，4，3，⑤	585円	
①	584円	6，5，①，2
	583円	2，4，1，3，2
	582円	2，1，3，6

この場合（図表5－7）には、まず、584円の1万株の売り呼値に対し、時間的に優先する買い呼値の6,000株が対当し、次に優先する5,000株のうちの4,000株が対当し、合計1万株が売買締結される。

その後、例えば成り行き買い注文が1万株入ったとすれば、585円の時間的に最優先する売り呼値の5万株のうちの1万株が対当し、1万株の売買が成立する。

こうして、株価が584円から585円へと変動（この場合は上昇）する。

④ 呼値の単位と制限値幅

呼値の単位は1株の値段によって決められている（図表5－8）。つまり、株価が1,250円していれば、注文は1,249円とか1,251円などの呼値でしてよいということであり、株価が3,110円している場合には注文は

図表5－8　呼値の単位

2012年3月末現在

	1　株　の　値　段	
呼値の単位		3,000円以下	1円
	3,000円超	5,000円〃	5円
	5,000円〃	3万円〃	10円
	3万円〃	5万円〃	50円
	5万円〃	30万円〃	100円
	30万円〃	50万円〃	500円
	50万円〃	300万円〃	1,000円
	300万円〃	500万円〃	5,000円
	500万円〃	3,000万円〃	1万円
	3,000万円〃	5,000万円〃	5万円
	5,000万円〃		10万円

出所）『東証要覧 FACT BOOK 2012』東京証券取引所、2012年、p.47.

図表5－9　株券の呼値の制限値幅

2012年3月末現在

基　準　値　段			現　　行	
	～	100円未満	上下	30円
100円以上～		200円 〃	〃	50円
200円 〃	～	500円 〃	〃	80円
500円 〃	～	700円 〃	〃	100円
700円 〃	～	1,000円 〃	〃	150円
1,000円 〃	～	1,500円 〃	〃	300円
1,500円 〃	～	2,000円 〃	〃	400円
2,000円 〃	～	3,000円 〃	〃	500円
3,000円 〃	～	5,000円 〃	〃	700円
5,000円 〃	～	7,000円 〃	〃	1,000円
7,000円 〃	～	10,000円 〃	〃	1,500円
10,000円 〃	～	15,000円 〃	〃	3,000円
15,000円 〃	～	20,000円 〃	〃	4,000円
2万円 〃	～	3万円 〃	〃	5,000円
3万円 〃	～	5万円 〃	〃	7,000円
5万円 〃	～	7万円 〃	〃	10,000円
7万円 〃	～	10万円 〃	〃	15,000円
10万円 〃	～	15万円 〃	〃	3万円
15万円 〃	～	20万円 〃	〃	4万円
20万円 〃	～	30万円 〃	〃	5万円
30万円 〃	～	50万円 〃	〃	7万円
50万円 〃	～	70万円 〃	〃	10万円
70万円 〃	～	100万円 〃	〃	15万円
100万円 〃	～	150万円 〃	〃	30万円
150万円 〃	～	200万円 〃	〃	40万円
200万円 〃	～	300万円 〃	〃	50万円
300万円 〃	～	500万円 〃	〃	70万円
500万円 〃	～	700万円 〃	〃	100万円
700万円 〃	～	1,000万円 〃	〃	150万円
1,000万円 〃	～	1,500万円 〃	〃	300万円
1,500万円 〃	～	2,000万円 〃	〃	400万円
2,000万円 〃	～	3,000万円 〃	〃	500万円
3,000万円 〃	～	5,000万円 〃	〃	700万円
5,000万円 〃			〃	1,000万円

（注）売買の状況に異常があると認める場合又はそのおそれがあると認める場合には，全部又は一部の銘柄について呼値の制限値幅を変更することがある。

出所）図表5－8に同じ。

3,105円とか3,115円などの呼値でしなければならないということである。後者の場合には，3,112円とかでは注文を出せない。

また，株価の1日の変動幅（値幅）もやはり1株の値段によって決められている（図表5-9）。例えば，某銘柄の前日の終値が1,432円であった場合には，当日の値段は上は1,732円，下は1,132円までとなる。つまり，1,732円まで株価が上がったらストップ高としてその日の売買は中止となり，同様に，下は1,132円まで下がったらストップ安としてその日の売買は中止となる。

〔4〕 取引の決済

売買が成立したら決済を行わなければならない。多くの場合，それは証券保管振替機構を利用して行われる。その概要を示しておこう。

まず，図表5-10にあって，売付顧客はA証券会社に，買付顧客はB証券会社にそれぞれ顧客口座を開設しておく。証券保管振替機構内には証券取引所のクリアリング機構の口座があり，A証券会社，B証券会社も証券保管振替機構にそれぞれ参加者口座を開設しておく。

今，某銘柄1,000株を売付顧客はA証券会社に，買付顧客はB証券会社に注文を出し，両証券会社は証券取引所に注文を出す。某価格をもって約定になると，証券取引所のクリアリング機構は証券保管振替機構に決済のための振替請求を行う。

証券保管振替機構では，A証券会社の参加者口座から1,000株を抹消し，証券取引所のクリアリング機構口座を仲介して口座振替を行ってB証券会社の参加者口座に1,000株を記入する。クリアリング機構口座内は動かない。証券保管振替機構はA証券会社には抹消通知を，B証券会社には記入通知を行う。

図表5－10 取引所取引の決済に係る口座振替の事例

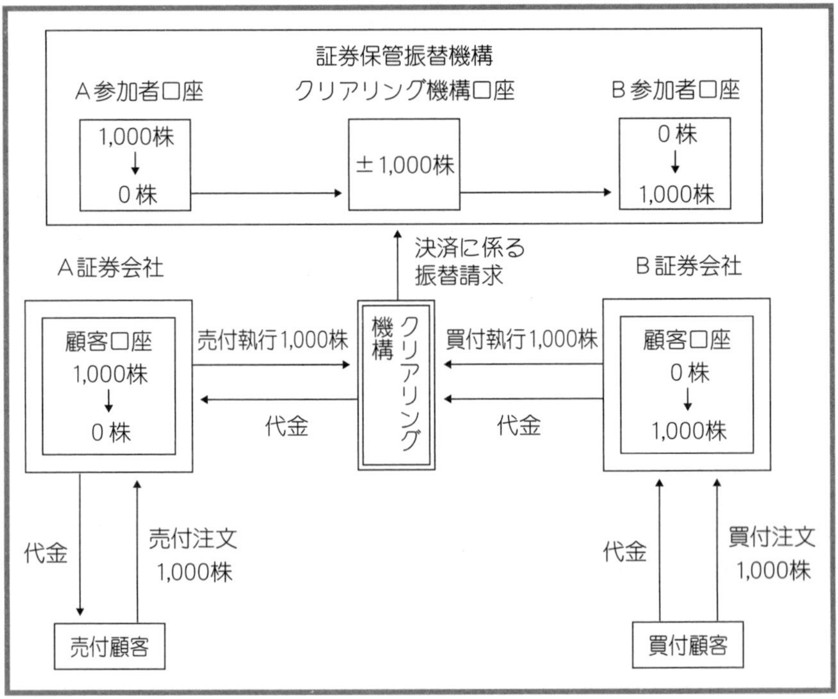

出所）『現代日本の証券市場 2008年版』日本証券経済研究所，2008年，p.151.

　買付顧客は代金をB証券会社，証券取引所のクリアリング機構，A証券会社を通じて売付顧客に支払う。A証券会社の売付顧客口座から1,000株を抹消し，B証券会社の買付顧客口座に1,000株を記入する。
　このような決済は，約定日から起算して4日目（休業日を除く）に行われるが，このような取引を普通取引という。売買の大半がこの普通取引である。
　さて，図表5－11にあって，某銘柄（株券）について売買が成立して所有者が変動したときには，株式の口座への記録を行い（①，②），証券

第5章　証券市場

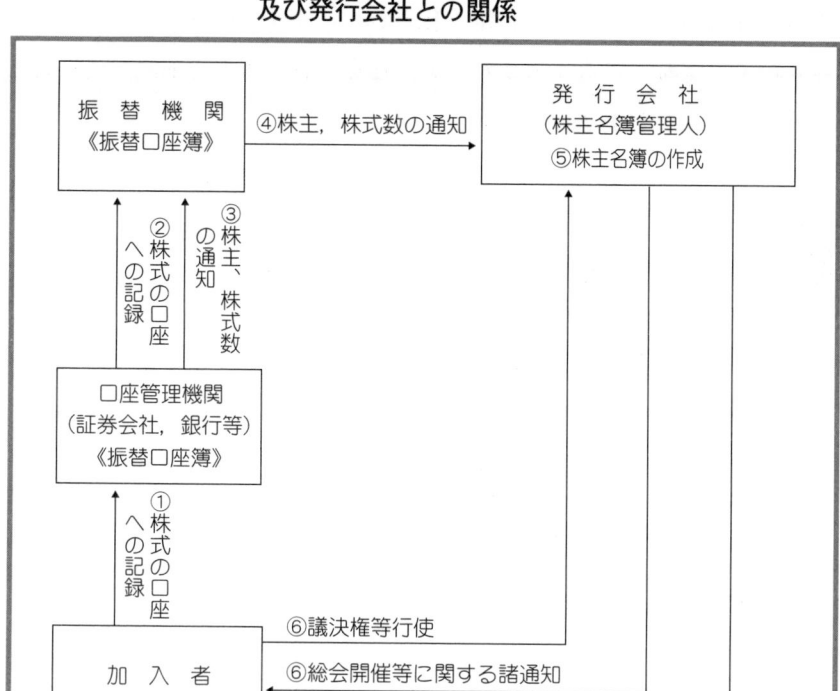

図表 5－11　株式等振替制度における加入者，振替機関及び発行会社との関係

```
┌─────────────────────────────────────────────────────────────┐
│  ┌─────────────┐                    ┌─────────────┐         │
│  │ 振 替 機 関 │ ④株主，株式数の通知 │ 発 行 会 社 │         │
│  │《振替口座簿》│──────────────────→│(株主名簿管理人)│       │
│  └─────────────┘                    │⑤株主名簿の作成│       │
│       ↑  ↑                          └─────────────┘         │
│       ②  ③                                                  │
│     株式の口座     株主、株式数の通知                          │
│      への記録                                                 │
│  ┌─────────────┐                                            │
│  │ 口座管理機関 │                                            │
│  │(証券会社，銀行等)│                                         │
│  │《振替口座簿》│                                            │
│  └─────────────┘                                            │
│       ↑                                                     │
│       ①株式の口座への記録                                    │
│  ┌─────────────┐  ⑥議決権等行使                             │
│  │  加 入 者   │←───────────────────                        │
│  │  （株 主） │  ⑥総会開催等に関する諸通知                   │
│  │             │←───────────────────                        │
│  │             │  ⑥配当金支払                               │
│  └─────────────┘←───────────────────                        │
└─────────────────────────────────────────────────────────────┘
```

出所）同上，2012年版，2012年，p.157.

　保管振替機構の参加者は株主（顧客）の氏名や住所，株式数などを証券保管振替機構に通知する（③）。証券保管振替機構は参加者からの報告データを整理して発行会社に株主や株式数を通知する（④）。発行会社はこれに基づき株主名簿を作成する（⑤）。この株主名簿により発行会社は，株主総会開催等に関する諸通知や配当金支払いなどを直接，株主（顧客）に行い，株主は議決権等の権利を行使する（⑥）。

　このように，証券保管振替機構の場合には株券は常に機構内に留まっ

ており，実質上，無いのと同じである。従来の紙に印刷された株券は2009年1月5日に無くなり，電子化された。電子化のメリットには，株券の紛失・盗難・偽造リスクの排除，株券発行コストの削減や株主管理事務の合理化などがある。

5 株式指標

　個々の銘柄の株価は既述のような具体的な取引によって動き，その結果は新聞，テレビ，インターネットなどの各種メディアによって報じられているが，株式市場そのものの動きも報じられている。株式市場の動きを示すものに株式指標がある。代表的な株式指標に日経平均株価とＴＯＰＩＸ（東証株価指数）がある。

(1) 日経平均株価

　東京証券取引所第一部上場銘柄から代表的225銘柄を選定し，その平均株価を算出している。これはアメリカの代表的な株価指数であるダウ工業株30種平均株価に倣ったものである。最初は東京証券取引所が1950年9月から算出を始めたが，現在は，日本経済新聞社が1985年5月から発表している。日経平均株価は選定銘柄の1株（株価）を対象としているため値がさ株や品薄株の影響を受けやすい。産業構造の変化や銘柄の流動性などを勘案して時折，銘柄の入れ替えが行われる。最近では，2000年4月に通信，電機などが代表しているＩＴ（情報技術）関連の銘柄を組み入れることを中心に入れ替えが実施された。

(2) TOPIX（東証株価指数）

　市場の動きを一部の銘柄によって表すのではなく，すべての銘柄によって示そうとして開発されたのがTOPIXである。東京証券取引所が第一部上場の全銘柄を対象に1969年7月から算出し発表している。TOPIXの算出基礎は株価（1株）ではなく，時価総額つまり「株価×発行済み株式数」額であって，第一部の全上場銘柄の時価総額の合計額を基準日である1967年1月4日の時価総額で割り，100を掛けて算出する。したがって，数字は金額ではなく指数である。TOPIXの場合は，時価総額が算出基礎となっているため発行済み株式数の多い大型株の影響を受けやすい。

＜参考文献＞

　鈴木芳徳『証券市場入門』白桃書房，2004年。
　熊谷　巧『新版　証券の基本』日本経済新聞社，2001年。
　『株式入門』日本経済新聞社，1997年。
　『株式入門　第4版』日本経済新聞社，2004年。
　『現代日本の証券市場　2008年版』日本証券経済研究所，2008年および同2012年版，2012年。
　証券広報センター『証券市場　2005』中央経済社，2005年。
　加美和照『会社法　第8版』勁草書房，2003年。
　『東証要覧 FACT BOOK 2012』東京証券取引所，2012年。

第6章
保険の基礎理論

第6章　保険の基礎理論

1 保険の仕組み

　保険は未来の偶然事故を契約の対象とする制度である。そこで素朴な疑問が浮かんでくる。それは，保険会社はどのようにして未来の出来事を予測しているのだろうかということである。どの家が火災にあうのか，どの自動車が事故を起こすのか，誰がいつ死ぬのかといったことは全くの未知数である。この問題を解決するために，保険制度は確率論を応用している。すなわち，大数の法則とよばれているものがそれである。家庭生活や企業活動に支障をあたえる可能性のある偶然事故は，これを個別に観察するかぎりにおいては全く偶然に発生しているとしか思えない。しかし，同じような出来事を大量に観察していくと，そこにある確率が見出されるというのが大数の法則である。例えば，火災にあった家を一軒だけながめていてもそこからはなにもわからないが，火災という出来事を大量に観察してみると，ある確率の下で火災が発生していることがわかるというものである。

　この大数の法則を説明するためによく引き合いに出されるのがサイコロの話である。サイコロを振って1の目が出る確率は6分の1である。サイコロには面が六つしかないので至極当然の結論である。しかし，サイコロを6回振ってみると必ず1の目が1回出るというわけではなく，2回出ることもあれば全く出ないこともある。しかし，確率は6分の1である。これを証明するためにはサイコロを振る回数を限りなく増やしていけばよいのである。サイコロを振る回数を100回，1,000回，10,000回と増やしていくと各々の目の出る確率は6分の1に近づいていくのである。このことから，一見偶然に起こっているとしか思えない出来事も，

それを大量に観察していくとそこにある確率が見出されるということであり，火災や自動車事故や人間の死亡といった偶然事故も，事故発生率や死亡率という数字によって予測することができるのである。この数字にもとづいて保険会社は保険制度を維持するために必要なさまざまな計算を行うことができるのである。

　このようにして未来の偶然事故を予測する確率が手に入れば，これにもとづいて保険契約の際に必要な保険料を合理的に計算することができる。保険契約の締結にあたっては，保険契約者（保険に加入する側）は保険会社に対する一定の保険料の支払いを義務づけられている。私たちが保険会社に支払う保険料は，将来の保険金の財源となる純保険料と保険会社の営業費となる付加保険料の合計額であるが，ここでは純保険料と事故発生時に保険会社から受け取る保険金との関係を次のような公式で考えてみる。すなわち，保険加入者数×ひとりあたりの純保険料＝事故発生件数×ひとりあたりの保険金という公式である。この考え方を収支相等の原則というが，簡単な例をあげて説明してみることにする。ある地域に1,000万円相当の家が1,000軒あるとする。この地域の火災発生件数は年間2件であるとする。この地域の人全員が同一の保険会社と1,000万円の火災保険契約を締結しているとする。すると先の公式は以下のようになる。

```
保険加入者数×純保険料＝事故発生件数×保険金
 1,000（人）×2（万円）＝  2（件）  ×1,000（万円）
```

　この公式が意味するものは，ひとり2万円の純保険料を負担することで，万一の場合は保険会社から1,000万円の保険金を受け取ることができるということである。保険制度のことを「小さな負担で大きな補償

第6章　保険の基礎理論

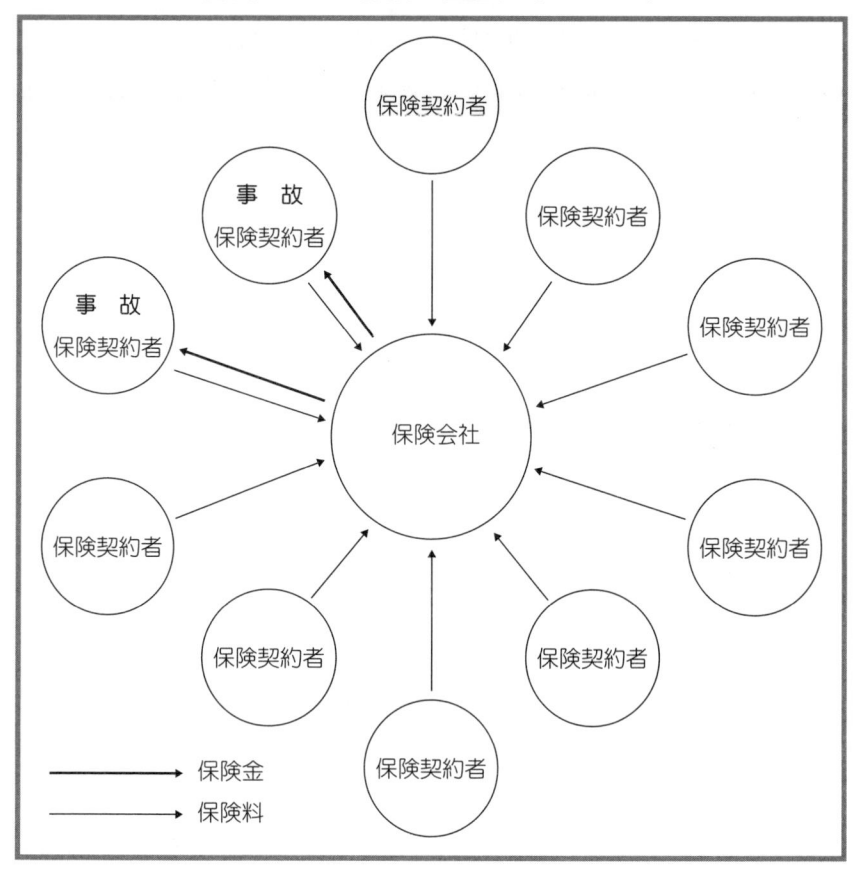

図表6-1　保険の仕組み（イメージ）

（保障）」という言葉で説明されることがあるのはこのことである。

ところで，保険制度について「保険に入ってもめったに事故など起こらないので，保険料を支払うのがばからしい。」というふうに考えている人が少なくない。いわゆる「保険は掛け捨てだから損だ。」という考え方である。この掛け捨てという言葉は，保険料を支払っても実際に保険金を受け取るのは事故にあった人たちだけなので，事故にあわなかっ

99

た人は支払った保険料が無駄になってしまうという意味で使われることが多いが，保険制度は理論的には決して掛け捨てにはなっていない。このことを先の火災保険の例を用いて説明してみよう。先程の公式を変形してみると，

$$純保険料 = \frac{事故発生件数}{保険加入者数} \times 保険金$$

となる。これはすなわち，

$$純保険料 = 事故発生率 \times 保険金$$

ということであり，純保険料が事故発生率の大きさにもとづいて算出されていることがわかる。したがって，事故発生率が大きければ純保険料は高くなり，事故発生率が小さければ純保険料は安くなるというもので，このことから純保険料が合理的に算出されている必要コストであることが理解される。この考え方を給付反対給付均等の原則といい，その意味するところは個々の保険契約者の負担している純保険料は，同一のリスクにさらされている人たちのあいだでのリスクの分担額なのである。この純保険料を負担することによって，万一の場合は十分な補償（保障）を手にすることが約束されていることが重要なことであり，誰が保険金を受け取るかということは結果論に過ぎないのである。

　保険を掛け捨てだと思っている人たちの誤解の原因の一つが，保険契約を自分と保険会社との1対1の契約だと錯覚しているところにある。保険契約は同一のリスクにさらされている人たちが保険集団を形成して，各々のリスク分担額を純保険料という形で負担するという社会的分担機構としてとらえなければならない。そうすると自分の支払っている純保

険料の意味も理解されると思う。つまり，保険制度というのは，事故にあわなかった人の純保険料で事故にあった人が救済されるという仕組みなのである。掛け捨てになったと思われている純保険料も保険契約全体の中では機能しているのであり，保険制度が「一人は万人のために，万人は一人のために」という言葉で説明される理由もそこにある。

2 保険契約

　私たちが身の回りに潜在しているさまざまなリスクを認識し，それに対抗する手段として損害保険や生命保険を利用する場合，直接的には「契約」というかたちで保険に接することになる。保険契約は一定の偶然事故の発生を条件として締結されるものであるが，先にも述べたように，保険契約は保険料と保険金という一つの資金の流れとしてとらえることができる。保険契約においては，保険料の支払義務を負うものを保険契約者といい，偶然事故発生の際に契約内容に即して保険金の支払いをなすものを保険者という。一方，偶然事故発生の際に保険金を受け取るものを，損害保険契約では被保険者，生命保険契約・傷害疾病定額保険契約では保険金受取人という。また，生命保険契約・傷害疾病定額保

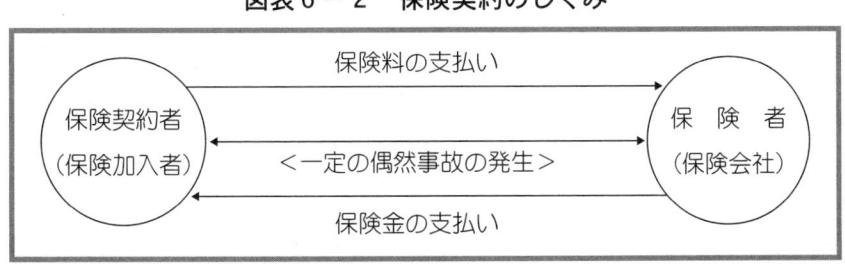

図表6-2　保険契約のしくみ

```
┌─────────────────────────────────────────────┐
│                  保険料の支払い                │
│   ┌─────────┐  ───────────────→   ┌─────────┐ │
│   │保険契約者│  <一定の偶然事故の発生>│ 保 険 者│ │
│   │(保険加入者)│ ←───────────────   │(保険会社)│ │
│   └─────────┘     保険金の支払い      └─────────┘ │
└─────────────────────────────────────────────┘
```

険契約においては保険金支払の条件となるもののことを被保険者と呼び，その人の生死によって死亡保険金や満期保険金などが支払われる。

　損害保険契約・生命保険契約・傷害疾病定額保険契約の性質を簡潔にまとめると次のようになる。損害保険契約とは，将来の偶然事故の発生が財産上の損害をもたらし，発生した損害の程度に応じて保険金が支払われるというものである。例えば，2,000万円相当の家屋に2,000万円の火災保険契約を締結していた場合，全焼ならば2,000万円の保険金が支払われるが，半焼ならば支払われる保険金も半分の1,000万円となる。すなわち，損害保険契約においては「発生した損害を埋め合わせるにたるだけの保険金を支払う。」という考えのもとに保険金の額が算出されるのである。この考え方を損害塡補という。これに対して，生命保険契約とは，将来の偶然事故の発生が人の生死にかかわるものであり，事故の発生と支払われる保険金との間には直接的な関係はなく，契約時に定められた金額が自動的に全額支払われるというものである。物保険を基本とする損害保険の場合は損害額を客観的に評価できるが，人保険である生命保険では第三者が人の生死を客観的に金銭で見積もることは困難なので，生命保険に加入する本人が自ら金額を設定し，事故発生の際にはその金額を自動的に支払うという方法によらざるをえないのである。生命保険が定額保険といわれるゆえんである。また，傷害疾病定額保険契約とは，人の傷害疾病に基づき，一定の保険給付を行うものである。

　ところで，私たちには保険契約上，果たさなければならない義務がいくつかある。保険料支払義務，告知義務，通知義務，損害防止義務などがそれである。保険契約に際して，保険契約者には，保険会社のリスク負担に対する対価としての保険料支払義務が生じることは前述のとおりである。保険会社は第1回目の保険料を受け取ったときから契約上の責

任を負うことになる。したがって，第1回目の保険料が支払われない場合は保険会社は契約を解除しうる。また，第2回目以降については，一定の猶予期間を経過してもなお保険料が支払われないときは契約が失効することになっている。ところで，保険料計算においてリスクの大きさが金額に反映されることを先に述べたが，保険契約者または被保険者が保有するリスクの大きさを保険会社が知るためには，保険契約者または被保険者にリスクの内容を説明してもらわなければならない。これを告知義務という。保険契約者または被保険者はリスク測定に必要な重要事項について正しく述べる義務があり，これに反した場合は告知義務違反となり契約が解除されるので注意を要する。告知義務とならぶいま一つの義務に通知義務がある。これには，リスクの変更・増加の通知と保険事故発生の通知の二つがある。前者は，保険契約期間中にリスクの内容が変更になった場合は，純保険料の計算をやり直す必要が生じるため，すみやかな通知が義務づけられているというものであり，これに反すると契約が失効したとみなされる。後者は，保険事故発生の際はすみやかに保険会社にその旨を通知することを義務づけたもので，特に損害保険においては事故原因の調査や適切な損害額の算定の機会を逸しないためにも必要とされるものである。これに加えて，損害保険契約においては損害防止義務も課せられている。これは，損害が拡大することを防ぐ努力をしたかどうかということであり，例えば，火災発生時の初期消火や人身事故発生時の被害者の安全確保などである。これが果たされていなかった場合は支払われる保険金が減額されることもある。

　保険はその性質から「人助け」的なイメージがあるが，保険はあくまでも保険契約者と保険会社との「契約」であることを認識し，保険契約上の重要事項を理解することが不可欠である。保険契約締結時に保険会

社から手渡される保険約款（あるいはこれを平易に解説した契約のしおり）によって，保険契約者の果たすべき義務や保険会社の責任範囲，保険金が支払われる場合・支払われない場合などを確認しておく必要がある。

3 保険料と保険金

　私たちが保険会社に支払う保険料は正しくは営業保険料とよばれており，すべての保険部門において純保険料と付加保険料とから構成されている。純保険料は保険金支払の財源となる部分であり，先の収支相等の原則と給付反対給付均等の原則にあてはまるものである。これに対して，付加保険料とは保険会社の営業費部分をまかなうものである。損害保険における純保険料は事故発生率に損害の程度を加味した予定損害率から算出され，付加保険料は社費や代理店手数料をまかなうために予定事業費率から算出される。一方，生命保険における純保険料は生命表にもとづく予定死亡率に，長期保険であるがゆえに必要な予定利率が加味されて算出される。生命保険における予定利率の考え方とは，純保険料算出にあたって将来の利子分を割り引くというもので，例えば，予定利率4％とすると純保険料と保険金との関係は次のように表すことができる。

```
純保険料 ＋ 予定利子 ＝ 保険金
  960   ＋    40   ＝ 1,000
```

　すなわち，生命保険においては保険契約者が支払う純保険料は予定利率によって割り引かれた現価となるのである。このことは一方で，生命保険会社にとって予定利子を最低限とする運用収益をあげることが義務

104

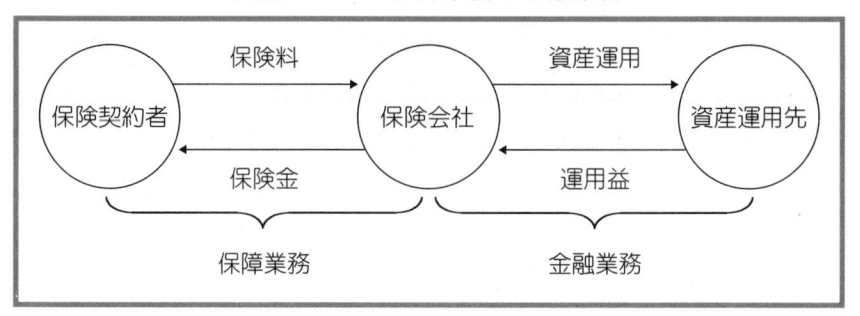

図表6-3　保障業務と金融業務

```
         保険料              資産運用
保険契約者 ──→ 保険会社 ──→ 資産運用先
         ←──         ←──
         保険金             運用益
    ╲_____╱      ╲_____╱
     保障業務          金融業務
```

づけられていることを意味する。生命保険会社が保障業務の他に金融業務を営んでいる理論的根拠がここにある。なお，損害保険会社も近年の積立型損害保険の台頭によって金融業務のウエイトが高まっている。生命保険の付加保険料は損害保険同様，予定事業費率から算出されるが，その内訳は新契約費・維持費・集金費に大別される。

　ところで，生命保険における純保険料算出の際には，いま一つ技術的な工夫がなされている。純保険料の額はリスクの大きさによって変動するが，生命保険の場合それは死亡率に左右されることになる。しかし，死亡率どおりに純保険料を算出すると，一般的に人間の死亡率は年齢を重ねるごとに上昇していくので，保険契約者は老年に近づくにつれて高額の純保険料を負担しなければならなくなる。また，生命保険会社としても毎年純保険料の算出をしなければならないという煩雑さを負うことになる。このような純保険料の考え方を自然保険料というが，この方式は種々の点で不便であるので，長期の保険期間中の純保険料が均一になるように自然保険料の平均化が行われている。この方式を平準保険料といい，これによって生命保険の長期契約が可能になったのである。

　このように，保険会社は保険料を算出し，これを運用して保険金の支

払いに備えているわけであるが，保険金の支払方法は損害保険と生命保険では異なっている。損害保険における保険金支払は，被保険利益の経済的価値であり，被保険者が被る損害の最高見積額を意味する保険価額と，保険会社の損害塡補責任の最高限度額を意味する保険金額との関係によって決まる。保険価額と保険金額が等しいものを全部保険，保険価額よりも保険金額が小さいものを一部保険，保険価額よりも保険金額が大きいものを超過保険とよんでいる。このなかで，全部保険は発生した損害額の全額が保険金として支払われるので，最も理想的な契約形態といわれている。これに対して一部保険は保険価額の一部にしか保険がかけられていないという考え方により，比例塡補の適用を受けて損害額の全額が支払われない場合がある。損害保険においては，次のような公式で比例塡補を適用している。

$$損害額 \times \frac{保険金額}{保険価額 \times 80\%} = 保険金$$

そこで例えば，保険価額2,000万円，保険金額1,000万円，損害額800万円の場合，それぞれの数値をあてはめてみると支払われる保険金は500万円ということになり，全額補償とはならないのである。したがって，保険価額の80％を目安として保険金額を設定すれば，保険金額を限度として損害額の全額が補償されるということである。保険価額と保険金額との関係から生じるもう一つの形態である超過保険については，利得禁止の原則によって超過部分が無効となるため，実質的には全部保険と同じ取り扱いとなる。損害保険の本質は発生した損害を埋め合わせるにたるだけの保険金を支払うという損害塡補にあるので，不当な利得は認められないということである。これを要するに，損害保険における保険金

の支払いは，保険金額の保険価額に対する割合と発生した損害の程度によって決まり，保険金の額と保険金額の額とは必ずしも一致しないということである。

　一方，生命保険における保険金の支払方法は，契約時に保険契約者自らが設定した保険金額が自動的に全額支払われる仕組みであるので，保険金の額と保険金額の額とは一致する。生命保険は損害保険とは異なり，損害額の客観的な金銭評価が困難であるために，保険価額と保険金額という関係は存在せず，契約締結時の保険金額があるだけである。損害保険と生命保険という分類は保険法上の分類であるが，保険金の支払方法という視点で分類するならば，損害保険に対する概念は定額保険である。

＜参考文献＞

大串淳子・日本生命保険生命保険研究会編『解説　保険法』弘文堂，2008年。
下和田　功編『はじめて学ぶリスクと保険』有斐閣ブックス，2004年。
赤堀勝彦『リスクマネジメントと保険の基礎』経済法令研究会，2003年。
森宮　康『新版　保険の基本』日本経済新聞社，2003年。
上山道生『保険入門　第2版』中央経済社，2002年。
栗田和彦編著『保険法講義』中央経済社，2000年。
近見正彦・前川　寛・高尾　厚・古瀬政敏・下和田　功『現代保険学』有斐閣アルマ，1998年。

第7章 保険経営

第 7 章　保 険 経 営

1　経営形態の基本分類

　保険事業を経営主体別に分類すると，個人保険，会社保険，組合保険，国営保険というかたちで整理することができる。個人保険とは，保険の歴史の初期の段階でみられた形態で，個人の保険業者が保険の取引を行うものであるが，現在ではこの形態がみられるのはイギリスのロイズ保険市場だけである。この個人保険と会社保険ならびに組合保険が私営保険といわれるもので，国営保険は公営保険である。また，保険経営が営利目的であるか否かによって分類すれば，個人保険と会社保険が営利保険の範疇に属し，組合保険と国営保険は非営利保険の範疇に属する。

　わが国における保険事業の経営主体としては，株式会社形態の保険会社，相互会社形態の保険会社，協同組合を母体とする各種共済，国営保険としての社会保険がみられる。株式会社形態の保険会社は損害保険会社全社，生命保険会社，外資系保険会社，ならびにかんぽ生命保険（平成19年10月より）であり，相互会社形態の保険会社は朝日生命・住友生命・日本生命・富国生命・明治安田生命の5社である（平成25年10月現在）。

図表7－1　経営形態の基本分類

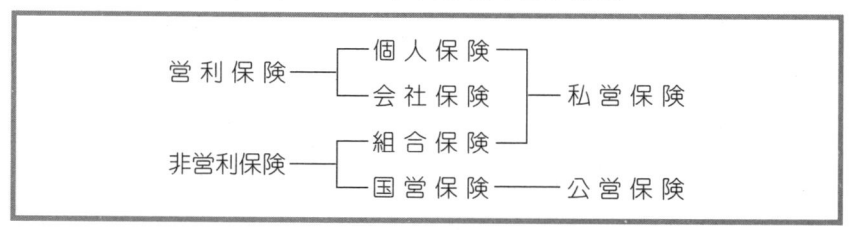

```
             ┌─ 個人保険 ─┐
  営利保険 ──┤            ├─ 私営保険
             ├─ 会社保険 ─┤
             │            │
  非営利保険─┤─ 組合保険 ─┘
             │
             └─ 国営保険 ─── 公営保険
```

111

2 相互会社

　相互会社は保険業法にもとづいて設立される保険業にのみ認められている独特の企業形態であり，その法的性格は営利も公益も目的としない中間法人とされている。相互会社が法的には非営利保険の範疇に属しているのは，相互会社が組合保険から派生した企業形態であることに由来している。組合保険は本来組合員の相互扶助を目的としたものであるので，営利保険とは異なる性格と位置づけられているのである。相互会社は組合保険から派生し，会社保険に牽引される形で発展してきたものである。したがって，相互会社を構成するものは保険契約者たる社員であり，意思決定も平等に一人一票の議決権が与えられ，社員総会において構成員自治が貫徹されることになっている。しかし，今日の相互会社は大量の保険契約者を保有しており，その規模の拡大に伴って，社員総会は実質的に開催不可能となっている。そこで，これに代わる意思決定機関として社員総代会が設けられている。相互会社を設立するにあたっては，基金拠出者から基金を募り，これをもって事業資金とするが，この基金は後に剰余金で償却されることになっている。したがって，相互会社の経営が軌道に乗り基金が償却された後は，保険契約者たる社員のみを構成員とする企業形態が完成することになる。損益も保険契約者たる社員に帰属し，剰余金の大部分は保険契約者たる社員に配当されることになる。このように相互会社は株式会社とは異なる特徴をもった企業形態ととらえることができるが，その実態となると，理念的な問題はともかくとして，株式会社とほとんど変わらないといわれている。

　相互会社は組合保険から派生したことから，組合員の無限責任と組合

第7章　保険経営

図表7－2　株式会社と相互会社

	株式会社	相互会社
設立法規	会社法	保険業法
法的性格	営利を目的とする法人	営利も公益も目的としない中間法人
構成員	株主	保険契約者たる社員
議決権	一株一票	一人一票
意思決定機関	株主総会	社員総会（実質的には社員総代会）
事業資金	資本金	創業時の基金（のちに償却）
損益の帰属	株主	保険契約者たる社員

員による構成員自治を柱とする相互主義理念を特徴としてきた。しかし，今日の相互会社は支払保険料を限度とする有限責任となっており，社員総代会も経営陣主導型で運営されている実態をみると，相互主義理念は形骸化しているといわざるをえない。相互会社が，相互会社本来の機能を有していたのは，組織規模の小さかった歴史的にごく初期の段階に限られ，組織規模の拡大と共に組合保険としての特徴は薄れ，実質的には株式会社とほとんど変わらない，あるいは，株式会社以上に徹底した経営者支配の企業形態となったのである。私たちが保険契約に臨むにあたって，株式会社形態の保険会社を選択するか，相互会社形態の保険会社を選択するかによって，保険契約そのものの内容に大きな違いが生じることはないが，保険契約者としての企業形態上の位置づけは大きく異なっている。株式会社の場合は保険契約者は企業形態の外に位置づけられるが，相互会社の場合は企業形態の中に位置づけられているのである。

ところで，相互会社は株式会社に比べて資金調達面で機動性に欠けるところがあり，この点がバブル崩壊後の財務体質の悪化を招いたとの指

113

摘から,相互会社を株式会社に組織変更する動きがみられるようになった。相互会社を株式会社化するにあたっては,保険契約者ひとりひとりの寄与分計算にもとづく株主の創造を行うという方法がとられる。すなわち,保険契約期間や払込保険料総額にみあった株式数を配当して,保険契約者に株主になってもらうというものである。相互会社を株式会社化するにあたっては,資金調達能力の強化,持株会社を使った積極的な事業展開,コーポレートガバナンス機能の強化といったメリットが指摘される反面,株主の創造に膨大な時間とコストがかかることや利益分配の問題ならびに企業買収の懸念といったデメリットも指摘されている。

3 簡易保険

わが国の簡易保険は大正5 (1916) 年に国営保険として創設された。簡易保険創設の背景は,当時の民間生命保険会社が主として中流階級以上の人々を対象としていたことから,民間生命保険の対象にならない低所得者層を対象とした保障の必要性が謳われるようになったことにある。このような階層の人々を対象とするためには,低廉な保険料で簡単な手続きによる安全な経営基盤のうえでの保険提供が必要であったために,国営保険という形態に落ち着いたのである。国営保険ならば基礎は強固であり,非営利であることから保険料の低廉化も可能であり,また,販売チャネルとして郵便局を利用することで,コストをかけずに全国規模の販売網を確保することができたのである。このように,そもそも簡易保険は民間生命保険の対象にならない低所得者層を対象とした,小口・無審査保険として始まったのである。簡易保険創設に際して民間生命保

第7章　保険経営

険会社側からは民業圧迫ではないのかとの懸念がだされたが，簡易保険は民間生命保険の対象とならない人々を対象とするのであるから，むしろ民業補完であるとの説明のもとに創設されるに至ったのである。

　しかし，ここで低所得者層という曖昧な範囲を対象としたことで，後に民間生命保険会社との間で競合問題が生じることになるのである。民間生命保険会社との競合とは，具体的には簡易保険の度重なる加入限度額の引き上げと取扱商品範囲の拡大をめぐる官民論争というかたちで展開していくことになる。民間生命保険会社側は簡易保険の民業補完の逸脱を指摘し，これに対して簡易保険は経済状況の向上を背景とした消費者ニーズを盾にして譲らず，論争が咬み合わない水掛け論が長く続いた。こうしたなかで，簡易保険を国営保険として存続させることの是非が問われるようになり，簡易保険の民営化問題を含む郵政三事業の民営化問題が俎上にのぼるようになったのである。

　民間生命保険会社側が最も不満に思っていた点は，簡易保険が国営という絶対的信用を背景として，さまざまな特典のもとで保険募集をしているところであった。したがって，税負担の不要など簡易保険が享受してきた特典を廃して，民間生命保険会社と同じ条件で保険市場に参入すべきであるというのが，民間生命保険会社側の主張であった。簡易保険を含む郵政民営化問題は中央省庁再編時の重要項目の一つであったが，結果的に民営化は先送りされ，郵政公社化で決着し，平成15（2003）年4月1日に日本郵政公社が誕生した。しかし，郵政公社発足後も実態はほとんど変わらず，実質的には競合関係が続いた。

　このような簡易保険の実態をかえりみて，郵便事業・郵便貯金とあわせて郵政三事業の民営化問題が引き続き議論されるところとなり，平成16（2004）年9月10日に，将来的には郵政事業を民営・分社化しようとい

う，郵政民営化の基本方針が閣議決定されるに至った。この方針を受けて，平成17 (2005) 年10月に郵政民営化法が成立し，平成19 (2007) 年10月から民営化が開始された。当初，郵政事業は持株会社である「日本郵政株式会社」のもとで，「郵便事業会社（＝郵便・物流業）」「郵便局会社（郵便局窓口業）」「ゆうちょ銀行（＝銀行業）」「かんぽ生命保険（＝生命保険業）」の4社に機能分化され，銀行・保険については平成29(2017)年9月末までに全株式を処分することとされたが，株式売却に関しては，民社国連立政権の発足によって平成21 (2009) 年12月に「日本郵政株式会社,郵便貯金銀行及び郵便保険会社の株式の処分停止等に関する法律案」が可決された。また，平成24 (2012) 年5月には，郵便事業会社と郵便局会社を合併し日本郵便会社として，ゆうちょ銀行・かんぽ生命とあわせて3社体制となった。

4 共　　　済

　共済の特徴を一般的に定義すれば，他の主たる事業の遂行に関連して付随的意義を有するもので，限定的な加入者間における相互扶助を目的とするものであるということができる。各種共済事業は協同組合を母体とした組合保険に属するものである。しかし，保険といわずに共済と称しているのは，わが国の保険業法で認められている保険事業の企業形態が株式会社か相互会社に限られているために，保険という言葉が使えないためである。わが国における共済事業としては，ＪＡ共済・全労済・県民共済・ＣＯ－ＯＰ共済などをあげることができるが，ここでは最も積極的に共済事業を展開してきたＪＡ共済の特徴をみていくことにする。

第7章　保険経営

　ＪＡ共済は昭和22（1947）年に農業協同組合法により法制化されたものであるが，その本来的な目的は民間保険会社の補償（保障）にあずかれない農家の諸リスクを協同組合によって補償（保障）するところにある。当初，共済事業は同法において「農業上の災害又はその他の災害の共済に関する施設」と定義されていたが，昭和29（1954）年に共済事業の定義から「災害」の文言がはずれて「共済に関する施設」となったことから，生命共済も取り扱えるようになったのである。

　ＪＡ共済の特徴としては再保険（再共済）組織であることがあげられる。すなわち，組合員が最寄りのＪＡに支払った共済掛金は，ＪＡ共済連に再共済掛金として支払われ，事故発生の際にはＪＡ共済連から再共済金が最寄りのＪＡに支払われ，組合員は最寄りのＪＡから共済金を受け取るというものである。また，いわゆる生損保兼営を行っていることも特徴の一つである。ＪＡ共済の代表的な共済商品としては，各種生命共済・年金共済・建物更生共済・自動車共済・自賠責共済などがあり，補償（保障）内容的には民間生損保会社が取り扱っている生損保商品と同様の機能を果たしているといえる。

　ＪＡ共済は，その本来的な趣旨からすれば，原則として各種共済種目を利用できるのはＪＡの組合員とその家族だけである。しかし，現状では，各種共済種目ごとに2割を限度に非組合員の利用が認められている。また，出資金を拠出して准組合員の資格を得れば，誰でも利用できるようになっており，実質的に民間保険会社と同様に不特定多数を対象とした補償（保障）事業の提供が行われている。

　なお，ここにあげた各種共済事業は農業協同組合法や消費生活協同組合法といった法的根拠にもとづいて経営されているものであるが，かねてより問題となっていた無認可共済については，これを「少額短期保険

業者」として保険業法上の「保険業」に含め，規制の対象とする改正保険業法が平成18（2006）年4月1日より施行された。

5　社会保険

　社会保険は，生活の保障・生活の安定，個人の自立支援，家庭機能の支援といった社会保障の目的を遂行するための制度の一つであり，対象者全員を強制加入とし，財源も原則として加入者の負担とするものである。わが国の社会保障制度は，社会保険，社会福祉，公的扶助，公衆衛生および医療の四つの分野から成り立っている。社会保険も保険であるので，その技術的仕組みに確率論の応用があることは民間保険と同様であるが，保険料の徴収方法に大きな違いがある。これは社会保険が民間保険とは異なる理念の上に成り立っていることに由来している。

図表7－3　社会保障制度の概要

社　会　保　険	医療保険，労働災害補償保険，雇用保険，介護保険，年金保険
社　会　福　祉	養護老人ホーム，高齢者生活支援，老人クラブ活動，介護サービス利用者支援，児童手当の支給，保育所運営など
公　的　扶　助	生活扶助，住宅扶助，教育扶助，医療扶助，出産扶助，葬祭扶助，生業扶助など
公衆衛生及び医療	結核予防，感染症対策，上下水道整備，廃棄物処理など

民間保険においてはリスクの大きさに見合う保険料が徴収されているが，これは合理的な根拠にもとづく保険料の算出という意味で，民間保険における保険料負担の公平性を意味している。すなわち，リスクの大きい人からは高額の保険料を，リスクの小さな人からは少額の保険料を徴収するというものである。したがって，民間保険の場合はリスクが著しく大きく保険料負担も高額になる反面，保険料支払能力に限界がある場合は，保険の利用をあきらめざるをえない。

　これに対して，社会保険の場合はすべての人に適切な保障機会を提供することが目的であるので，保険料支払能力の乏しいものからは支払能力の範囲内での保険料徴収となる。このように，社会保険の場合は必ずしもリスクに見合った保険料が徴収されているわけではないので，社会保険全体の収支を考えた場合は財源不足が生じることになる。したがって，不足分は高所得者が補うことになるのである。すなわち，社会保険の保険料はリスクの大きさではなく，所得の大きさに比例しているのである。あるいは，公的年金制度に見られるように，生産年齢人口が老齢人口に対して年金の財源を負担するという世代間扶養というかたちがとられるのである。

　民間保険の場合は，自分が保有しているリスクの大きさに見合う保険料を負担しているという意味で，支払金額についても納得できるものであるが，社会保険の場合は自分が支払っている金額と受け取る金額との間に合理的な関係が見い出せないために，その人にとってのリスクは小さいのに負担する保険料は高額になる場合も生じるのである。ここに，社会保険を強制加入とせざるを得ない理由が存在している。もしも，社会保険を任意加入にすれば，リスクは大きいが保険料負担能力は乏しいという人たちばかりが加入して，たちまち社会保険は財政難に陥ってし

まうであろう。この逆選択を防止するため，裏返せば高所得者層の脱退を防止するために，社会保険は強制加入というかたちがとられているのである。わが国の社会保障制度は少子高齢化の進展による深刻な財政難に陥っている。長寿社会を安心して過ごすためにも社会保障制度の見直しは急務である。

＜参考文献＞
　生命保険協会「簡易保険事業の今後の在り方について」2004年。
　生命保険文化センター「生活とリスク管理」2003年。
　田中周二編『生保の株式会社化』東洋経済新報社，2002年。
　林　裕『保険論講義』税務経理協会，2000年。
　田村祐一郎『社会と保険』千倉書房，1990年。

第8章 保険商品

第 8 章　保険商品

1　損害保険商品

　損害保険を大別すると企業保険と家計保険に分類される。これは保険料の源泉にもとづく分類でもあり，保険料が資本循環との関わりから生じているか，家計所得から支払われているかの違いである。企業保険は企業活動を取り巻くさまざまなリスクに備えるものであり，船舶保険・貨物海上保険・航空保険・運送保険・（企業向け）火災保険・機械保険・コンピュータ総合保険・ガラス保険・盗難保険・建設工事保険・組立保険・土木工事保険・生産物賠償責任保険・異常気象保険・興行中止保険・原子力保険などが代表的な商品である。俗に「リスクあるところに損害保険あり」といわれるように，損害保険の領域では新しいリスクが登場すると，その後を追うかたちで毎年新しい商品が誕生している。
　わが国の損害保険は企業保険を中心として発展してきたが，消費者ニーズの変化もあって，保険種目別構成比をみると今日では家計保険が中心となっている。家計保険が台頭してきた契機としては，昭和30年代のモータリゼーションの進展によって自動車保険が普及してきたことや，積立型損害保険の登場によって貯蓄を求める消費者の目が損害保険商品にも向けられてきたことや，第三分野の代表である傷害保険が伸展してきたことなどをあげることができる。家計保険は，また，保険金額の大きさが個々の保険契約者の保険料支払能力に左右される点で，保険ニーズを客観的に把握できる企業保険とは異なり，きわめて任意性の強い性質のものとなっている。ここでは，私たちの日常生活を取り巻くリスクと密接な関わりのある，家計保険分野における代表的な商品をとりあげることにする。

(1) 火災保険

　火災保険には，住宅火災保険・普通火災保険・住宅総合保険・店舗総合保険・団地保険などの種類がある。火災保険は基本的には火災・落雷・破裂・爆発などによる事故がもたらす直接損害を補償するものであるが，これに加えて臨時費用や損害防止費用などの間接損害も補償の対象になっている。火災保険の補償範囲については，個々の火災保険商品によって異なっているので，契約に際しては補償範囲の確認が不可欠である。

　火災保険の契約に際しては，まず，物件の判定が行われる。これは火災保険の対象となる物件ごとに，リスクの大きさに応じた保険料率を適用させなければならないからである。物件の種類は，住宅物件・一般物件・工場物件・倉庫物件に区分される。また，火災保険は建物と家財は別契約であることにも注意を要する。したがって，建物・家財の両方とも火災保険を契約するのか，建物のみ契約するのか，あるいは賃貸物件の場合などは家財のみで契約するのかという選択肢がある。

図表8－1　住宅火災保険と住宅総合保険の補償範囲の比較

種　類	補　償　範　囲
住宅火災保険	火災，落雷，破裂・爆発，風災・ひょう災・雪災，臨時費用，残存物片付費用，失火見舞費用，傷害費用，地震火災費用，損害防止費用
住宅総合保険	火災，落雷，破裂・爆発，風災・ひょう災・雪災，建物外部からの物体の落下・飛来・衝突・倒壊，水漏れ，騒じょうなどの集団行為・労働争議，盗難，持ち出し家財の損害，水災，臨時費用，残存物片付費用，失火見舞費用，傷害費用，地震火災費用，損害防止費用

火災発生時の補償については，先に説明した保険価額と保険金額との関係から生じる全部保険契約（保険価額＝保険金額）か一部保険契約（保険価額＞保険金額）かによって，支払われる保険金の額が異なってくる。全部保険の場合は損害額の全額が補償されるが，一部保険の場合は比例塡補の適用を受けて支払われる保険金の額が損害額を下回る場合がある。なお，保険価額は時価評価されるために，保険金は火災発生時点での時価までしか支払われず，その場合は保険金だけでは同等の建物を再調達できない場合もでてくる。そこで，昭和50（1975）年に価額協定保険特約が誕生し，建物については再調達価額で，家財については再調達価額または時価額で契約できるようになった。今日の火災保険は住まい全般の保険として幅広い補償を提供しており，実損塡補方式の導入などによって補償内容の充実も図られている。

(2) 地震保険

わが国は世界有数の地震国であり，これまでも幾多の地震によって大きな損害を被ってきた。しかし，火災保険普通保険約款においては地震・噴火・津波が原因で生じた損害に対しては保険金は支払わないとされている。その理由としては次の三点があげられている。まず，「大数の法則が適用できない。」という点である。地震・噴火・津波といった自然災害の発生はきわめて長期にわたる不規則な発生率なので，保険制度を成り立たせるための大前提である大数の法則が適用できず，確率としてこれらの出来事を予測することができないということである。つぎに，「損害額が巨額にのぼる。」という点である。これは，地震・噴火・津波によってもたらされる財産的・人的損害が巨額にのぼるために，民

間企業である損害保険会社の保険金支払能力の限界を超えてしまうということである。三つめは,「逆選択のおそれがある。」という点である。地震・噴火・津波といった自然災害は,発生する場所が偏っており,したがって,これらの損害にあう可能性の高い地域の人たちばかりが集中的に加入するおそれがあるということである。これを要するに,地震・噴火・津波によってもたらされる損害は,そもそも保険制度の対象にならないということである。

　大地震が発生するたびに地震損害に対する補償の必要性が唱えられてきたにもかかわらず,なかなか保険業界が首を縦に振らなかったのは,このような本質的な困難性があったからであるが,昭和39 (1964) 年の新潟地震を契機として,昭和41 (1966) 年にようやく家計保険分野における地震保険が誕生するに至った。創設当初の地震保険は先の困難性を克服するために,住宅総合保険・店舗総合保険に自動付帯とし,資金面では政府が再保険を引き受けることとし,さらに全損の場合のみ保険金を支払うという条件にした。しかし,この自動付帯という方式は地震保険を必要としない人々の不評を買い,また全損のみ補償という方式も昭和53 (1978) 年の宮城県沖地震の損害の大部分が分損であったことから批判が高まった。そこで,昭和55 (1980) 年に地震保険制度の大改正が行われ,「家計火災保険への原則自動付帯とし,半損も補償する。」というかたちになった。原則自動付帯とは火災保険の契約に際して地震保険が不要であるという人は,地震保険を付帯しないという確認印をとりつけることで地震保険をはずすことができるというものである。また,平成3 (1991) 年の改正では一部損も補償されることとなり,さらに平成7 (1995) 年の阪神・淡路大震災を契機とした平成8 (1996) 年の改正では中途付帯も可能となった。現行の地震保険は,地震保険を付帯する家

計火災保険金額の30〜50％の範囲で，建物5,000万円，家財1,000万円を限度として引き受けられている。保険金の支払いは建物・家財とも，全損が保険金額の100％，半損が保険金額の50％，一部損が保険金額の5％となっており，いずれも時価額が評価基準となっている。

　地震保険の加入率は自動付帯から原則自動付帯に改正されたあと低下し，震災のたびに上昇はするものの，平成23年（2011年）の東日本大震災を経ても，なおその加入率は30％に満たない程度である。地震リスクに対する認識が不十分であることや，火災保険に地震保険を付帯すると保険料が割高になることなどがその原因として指摘されている。このような現状をふまえて，地震火災による「費用損害」については，火災保険普通保険約款から地震火災費用保険金が支払われることになっている。これは，地震火災による費用損害に対して，火災保険の保険金額の5％（ただし，300万円が上限）が支払われるというものである。

(3) 自動車損害賠償責任保険

　わが国の自動車保険は自動車損害賠償責任保険（以下，自賠責保険と称す）と任意の自動車保険の二本立ての体系であるが，先に誕生したのは任意の自動車保険で大正3（1914）年のことであった。自賠責保険が誕生する以前は自動車保険への加入が任意であったために，無保険車による事故の場合は被害者は泣き寝入りを余儀なくされていた。このような状況のなかで自動車の保有台数の増加とともに自動車事故による被害者が急増したことを受けて，昭和30（1955）年7月29日に自動車損害賠償保障法が公布され，この法律にもとづいて同年12月1日に自賠責保険が創設されたのである。

自賠責保険の第一義的な目的は自動車事故による被害者救済であるので，その補償内容は「他人に対する人身事故」を対象とした対人賠償保険である。したがって，物損や運転者自身が被った損害は補償されない。また，加害者の賠償資力を確保し被害者救済を確実なものにするために，公道を走るすべての自動車やバイクに保険をつけるという強制保険というかたちがとられたのである。この強制保険というかたちを実現させるために，保険料負担もすべての運転者が負担可能な金額にする必要があり，リスクの大小はかえりみずに一律の保険料負担としたのである。

　自賠責保険の補償内容は死亡3,000万円，重度の後遺障害4,000万円，傷害120万円をそれぞれ上限とし，保険期間中に何度事故を起こしても減額はされない。さらに，一度の事故で複数の被害者が出た場合には各々の被害者に対して限度額まで支払われ，また，加害車両が複数の場合にはそれぞれの車両に対して自賠責保険の保険金額を請求できる。なお，無保険車による事故や，ひき逃げによる加害車両不明の事故によって生じた人身損害については，自賠責保険に準じるかたちで，政府が行っている自動車損害賠償保障事業（一般的に，政府の保障事業と称す）から補償を受けることができる。

(4) 自動車保険

　任意の自動車保険の必要性は，自賠責保険における支払保険金に上限が設けられていることと，補償範囲が他人に対する人身事故に限定されているところに求められる。例えば，自賠責保険の死亡保険金の上限は3,000万円であるが，今日，損害賠償金額は高額化しており1億円の損害賠償金額が請求される事例も少なくない。そうすると，自賠責保険だ

第8章　保険商品

けからの保険金支払いでは差額の7,000万円は自己負担となってしまうので，不足分を補うために，別途，任意の自動車保険の対人賠償保険で備えておく必要があるのである。また，補償範囲については，自動車事故の多様な事故形態に備えるために，自賠責保険では補償されない範囲については，任意の自動車保険で補う必要があるのである。

　任意の自動車保険の契約に際しては，必要な補償範囲と保険金額を選択して組み合わせることになるが，基本的な種類としては，対人賠償保険，対物賠償保険，自損事故保険，搭乗者傷害保険，無保険車傷害保険，人身傷害補償保険，車両保険などをあげることができる。今日，自動車保険はリスク細分型自動車保険のような新商品が次々と開発されており，保険会社ごとに商品構成やサービス内容が多様化しているので，自分の希望する補償範囲を確保するためには十分な比較検討も必要である。

　ところで，任意の自動車保険の契約に際しては，年齢条件の設定が行われている。これは運転者の年齢によってリスクの大きさが異なることから，適正な純保険料算出のために年齢を基準にしていくつかのグルー

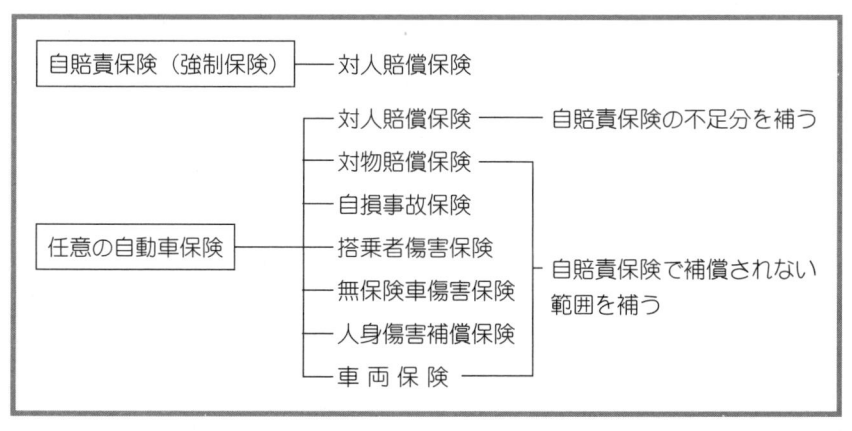

図表8－2　自賠責保険と任意の自動車保険の関係

自賠責保険（強制保険）	─ 対人賠償保険	
任意の自動車保険	─ 対人賠償保険	── 自賠責保険の不足分を補う
	─ 対物賠償保険	┐
	─ 自損事故保険	│
	─ 搭乗者傷害保険	├ 自賠責保険で補償されない範囲を補う
	─ 無保険車傷害保険	│
	─ 人身傷害補償保険	│
	─ 車両保険	┘

プ分けをしているのである。具体的には,「全年齢担保」,「21歳未満不担保」,「26歳未満不担保」,「30歳未満不担保」といったような選択肢がある。また,各種割引制度を利用することで保険料を割安にすることも可能である。代表的なものとして,「運転者家族限定割引」,「低公害自動車割引」,「横滑り防止装置装備車割引」,「安全ボディ割引」,「デュアルエアバッグ装備車割引」などがある。さらに,前年度の事故の有無が翌年の保険料に反映される「等級別料率制度」がもちいられており,無事故の場合は翌年1等級あがり（割引）,事故を起こした場合は翌年3等級さがる（割増）仕組みになっている。

(5) 傷害保険

　傷害保険は「急激かつ偶然な外来の事故」によって身体に傷害を被り,その直接の結果としての死亡,後遺障害,入院,通院などを補償の対象とするものである。ここでいう「急激」,「偶然」,「外来」は次のように定義されている。「急激」とは傷害の原因となった事故とその結果としての傷害までの間に時間的間隔がないこと,すなわち突発事故でなければならないということである。次に「偶然」とは,原因または結果あるいはその双方のいずれかに予知できない状況が含まれていなければならないということである。さらに「外来」とは,傷害の原因となったものが身体外部からの作用によるものでなければならないということである。

　傷害保険において支払われる保険金の種類は,死亡保険金,後遺障害保険金,入院保険金,手術保険金,通院保険金,治療費用保険金などである。傷害保険の対象となるものはあくまでも「傷害」であって,「疾病」は補償されないとされているが,実務上では傷害と疾病が連続して

発生した場合，双方の因果関係の有無が保険金支払の決定要因になる場合もある。

(6) 賠償責任保険

　賠償責任保険は，偶然事故の結果として，第三者に対して法律上の賠償責任を負担することになった場合に生じる損害について保険金が支払われるものであり，保険契約とは直接関係のない被害者たる第三者の存在が前提とされている点が特徴である。この保険は対象とするリスクによって，企業向け・職業人向け・個人向けに分類される。このうち，個人向け賠償責任保険は日常生活やスポーツ・レジャー中に生じた損害賠償を対象とするもので，個人賠償責任保険，ゴルファー保険，テニス保険，スキー・スケート総合保険，ハンター保険などが含まれる。以下，個人賠償責任保険について述べることにする。

　個人賠償責任保険における被保険者は，記名被保険者のみならず，その配偶者・本人またはその配偶者と生計をともにする同居の親族・本人またはその配偶者と生計をともにする別居の未婚の子が含まれる。支払われる保険金の種類は，被害者に対して支払われる損害賠償金の他に，緊急措置費用・損害防止費用・訴訟費用・弁護士費用といった費用損害に対して支払われる費用保険金も含まれている。

　賠償責任保険においては，保険契約時に損害額を想定することが困難であることから保険価額は存在せず，保険会社が支払う保険金の最高限度額を定める塡補限度額方式での契約となる。

(7) 積立型損害保険

　損害保険の基本形態は「短期掛け捨て型」であるが，私たち日本人は「掛け捨て嫌いで貯蓄好きの国民性」から，いわゆる掛け捨て保険を嫌う傾向がある。そこで，このような状況を踏まえて，昭和38（1963）年1月の保険審議会答申において「……事故のなかった場合には何らかの還付金の支払いがあるという方式が，日本におけるある層の火災保険契約者の気持ちに合うという面もある……」との提唱がなされ，この答申を受けるかたちで同年4月にまずは火災保険分野から積立型損害保険が販売開始され，昭和44（1969）年6月には傷害保険分野での販売もおこなわれるようになった。その後，積立型損害保険は，自動車保険・動産保険・介護費用保険・労働災害保険の分野でも商品化がすすんだ。

　積立型損害保険の最大の特徴は，無事故の場合の満期返戻金の支払いである。従来の損害保険では無事故の場合はいわゆる「掛け捨て」であったが，積立型損害保険においては営業保険料の一部である積立保険料に運用益と全損失効契約の積立部分を加えたものが満期時に支払われるので，掛け捨て保険に対して抱いていた不満が緩和されることとなった。

図表8－3　積立型損害保険の特徴

- 保険期間満了時まで無事故であった場合は満期返戻金が支払われる。
- 契約者配当金の支払いがある。
- 保険期間が長期である。
- 保険料の支払いが多様化している。
- 保険料の自動振替貸付がある。
- 契約者貸付がある。

なお，保険期間中に全損事故が発生し所定の保険金が支払われた場合は，その時点で契約は失効し，積立部分は本人以外の満期を迎えた契約者に分配される仕組みとなっている。

2 生命保険商品

生命保険商品の選択にあたっては「どういう目的で加入するのか」をしっかり見極めることが大切である。例えば，生命保険に求めるものが保障なのか貯蓄なのかによって，おのずと選択すべき商品が異なってくるからである。また，生命保険は一般的に長期契約なので，無理のない保険料負担を心がける必要がある。ここでは生命保険を保障内容や商品特性をもとに，死亡保険・生存保険・生死混合保険・医療保険・生前給付型生命保険・介護保険・個人年金保険・変額保険と分類し，それぞれの代表的な商品をとりあげることにする。

(1) 死亡保険

死亡保険はその名のとおり万一のときの死亡保障を重視した商品である。この範疇に属する商品としては，まず定期保険をあげることができる。定期保険とは保険期間が一定期間で，保険期間中の死亡に対して一定額の死亡保険金が支払われるというもので，満期保険金はない。この基本型に加えて，一定期間経過ごとの生存を条件に生存給付金を支払う生存給付金付定期保険や，保険金額が増えていく逓増型，逆に保険金額が減っていく逓減型といった商品もある。

次いで終身保険であるが，これは定期保険が保険期間が一定であったのに対して，保険期間を終身とし，一生涯保障を提供するものである。死亡保険ではあるが，保険期間が長期にわたるために，保険料の蓄積部分を事実上の貯蓄として利用することも可能である。保険料の払込方法としては，収入のあるうちに必要な保険料を払い込んでしまう有期払込型が一般的である。

　この二つの商品をあわせたものが定期付終身保険である。これは終身保険契約の前半部分に定期保険を上乗せさせるかたちで，万一のときの経済的損失が大きな時期の保障を充実させたものである。定期部分はあらかじめ全体に乗せておく全期型と，例えば10年ごとに更新していく更新型がある。なお，更新型の場合は更新時に保険料が値上がりするので注意を要する。

　終身保険の領域の新商品として注目されているのが，利率変動型積立終身保険である。これは支払われる保険料を積立部分と保障部分とに分離して，保険料払込満了時点の積立金を原資として，終身保険や年金保険に移行するものである。積立部分の保険料を保障部分に活用することによって，商品転換せずに保障を見直すこともできる。積立部分に適用される利率が一定期間ごとに見直されて変動するところがこの商品の名前の由来である。

(2) 生存保険

　生存保険は先の死亡保険とは逆に一定期間生存していることを条件に，満期保険金を支払うというものである。代表的な商品は貯蓄保険であり，これは比較的短期の貯蓄を目的として利用されるものである。契約満期

時に生存していれば満期保険金が支払われ，保険期間中に死亡すれば死亡保険金（災害・法定伝染病）または死亡給付金（普通死亡）が支払われる。貯蓄を目的とした商品なので死亡保障の金額としては十分とはいえない。

また，子どもの学資を目的としたものがこども保険である。この商品は，子どもが学齢期を迎えるごとに祝い金が支払われ，契約満期時に生存していれば満期保険金が支払われるというものである。子どもの死亡保障は少額であるが，契約者（親）が死亡した場合は以後の保険料支払は免除され，商品によっては育英年金が支払われるものもある。

(3) 生死混合保険

生死混合保険とは死亡保険と生存保険が合体したものであり，代表的な商品が養老保険である。養老保険は保険期間は一定期間で，保険期間中の死亡には死亡保険金が支払われ，契約満期時の生存には満期保険金が支払われるというものである。この養老保険に定期保険を上乗せしたものが定期付養老保険であり，養老保険の死亡保障部分を充実させた商品である。

(4) 医療保険

医療保険は公的医療保険の自己負担増に対する不安も相俟って，自助努力としてのニーズが高まりをみせている。民間保険会社が提供している一般的な医療保険は，災害入院給付金・疾病入院給付金・手術給付金を基本保障とするもので，医療費負担の軽減を主な目的として商品化さ

れているために，死亡保険金は少額である。なお，先進医療に対応できる特約を付加することもできる。医療保険は他の生命保険の主契約に「特約」として付保するか，医療保険そのものを「主契約」として契約するかの選択肢がある。保険期間は年満了（更新）タイプ，歳満了タイプ，終身タイプの中から選択できる。

　医療保険の中で保障対象を「がん」に特定したものが，がん保険である。がん保険は，がん診断給付金・がん入院給付金・がん手術給付金・がん高度障害給付金・がん死亡保険金の支払いを主な保障内容としている。

(5) 生前給付型生命保険

　生前給付型生命保険は「生きるための保険」として，わが国では平成4（1992）年に発売されたものである。この保険には特定疾病保障保険とリビングニーズ特約の二つのタイプがある。特定疾病保障保険は，がん・急性心筋梗塞・脳卒中といった特定の疾病により所定の状態になった場合（一般的に，がんの場合は医師により，がんと確定診断されたとき，急性心筋梗塞・脳卒中の場合は医師の診断を受けた日から60日以上障害状態が続いたとき）に，死亡保険金と同額の特定疾病保障保険金が支払われるというものである。これらの疾病は治療期間が長期にわたり，医療費も高額になることが多いので，医療費負担の軽減を目的としたものである。

　これに対して，リビングニーズ特約は「余命6ヶ月保険」ともいわれ，病気・傷害を問わず医師から余命6ヶ月と診断された場合に，死亡保険金に代えてリビングニーズ特約保険金が支払われるというものである。このリビングニーズ特約は医療費負担の一部にあてるほかに，余命幾ば

くもない最後の思い出づくりのための経済的支援という意味合いも含まれている。なお，保険金受取後，6ヶ月以上生存しても保険金の返還の必要はない。

(6) 介護保険

　介護保険は公的介護保険の補完商品として，介護に係わる経済的負担の軽減を目的としたものである。具体的には，公的介護保険の給付水準を上回るサービスや対象外となっているサービスに対する費用保障や，公的介護保険の給付対象者外のサービス利用費用保障や，介護のための退職・転職にともなう収入減から派生する生活費用保障などを提供するものである。
　介護保険の給付を受けるためには，寝たきり・認知症に関する所定の介護認定が必要である。給付内容は，介護一時金または介護年金として支払う方法と，これらを組み合わせて介護一時金を支払った後に介護年金を支払うという方法もある。契約形態としては特約か主契約かの選択肢がある。

(7) 個人年金保険

　少子高齢化の進展とともに公的年金の財源問題や受給額に対する不安が高まるなかで，老後の生活資金を確保するための自助努力の一手段として注目されているものが個人年金保険である。個人年金保険は公的年金が世代間扶養であるのとは異なり，年金の財源となる保険料をあらかじめ支払っておき，一定年齢に達したときからそれを年金として受け取

るというものである。

　個人年金保険は年金の支払期間と支払条件とによって，確定年金・有期年金・終身年金に分類される。確定年金は年金の支払期間が一定期間であり，被保険者の生死に係わりなく支払期間中は年金が支払われるというものである。有期年金は年金の支払期間が一定期間であることは確定年金と同様であるが，年金の支払条件が被保険者の生存であるので，支払期間中に被保険者が死亡した場合は年金支払は打ち切りとなる。終身年金は年金の支払期間が終身であり，被保険者が生存している限り年金が支払われるというものである。なお，有期年金と終身年金は被保険者の早期死亡によって，払込保険料額と受取年金額との間に不均衡が生じないように，年金支払開始時から一定期間のあいだ保証期間を設けている。この保証期間中は生死に係わりなく年金が支払われるというものである。なお，いずれのタイプも保険料払込期間中に死亡した場合は，払込保険料相当額の死亡給付金が支払われる。

(8) 変額保険

　変額保険の特徴は，他の定額給付の生命保険とは異なり，保険契約期間中に死亡保険金・満期保険金・解約返戻金の金額が変動するところにある。変額保険では払い込まれた保険料を，他の生命保険商品の保険料とは切り離して特別勘定で積極的に運用し，運用収益をそのまま保険金額に反映させるという仕組みである。変額保険の本質はインフレ対策商品であり，保険金額を市場金利に連動させることで，保険金の目減りを防ぐことを目的としたものである。変額保険の種類としては，養老保険タイプの有期型変額保険，終身保険タイプの終身型変額保険，年金保険

タイプの変額年金保険がある。変額保険は資産運用に係わるリスクを保険契約者自身が負担することになることから，ハイリスク・ハイリターン商品ともいわれている。

　有期型変額保険は保険期間中の死亡については死亡保険金が，満期まで生存していた場合は満期保険金が支払われるというものである。死亡保険金については死亡時に運用収益がマイナスになっていても，契約時に定められた基本保険金が最低保証されるが，満期保険金については最低保証がないので運用実績次第では元本割れもあり得る。一方，終身型変額保険は死亡保障が一生涯続くというもので，死亡保険金には有期型変額保険同様の最低保証がついている。変額年金保険は保険料を特別勘定で運用し，年金支払開始日前日までの運用実績に基づく積立金が年金原資となるものである。変額保険同様，資産運用リスクは保険契約者自身が負担することになるので，原則として年金額に対する最低保証はついていない。ただし，保険料払込期間中の死亡に対して支払われる死亡給付金については，払込保険料相当額が最低保証されている。年金支払開始日以降に，年金原資を一般勘定に移す定額型年金と，年金原資をそのまま特別勘定で運用する変額型年金とがある。

＜参考文献＞

　損害保険料率算出機構「自動車保険の概況」2013年。
　日本地震再保険株式会社「日本地震再保険の現状」2013年。
　日本損害保険協会「日本の損害保険ファクトブック」2013年。
　生命保険協会「生命保険の動向」2013年。
　生命保険文化センター「医療保障ガイド」2010年。
　生命保険文化センター「介護保障ガイド」2009年。
　生命保険文化センター「ねんきんガイド」2010年。
　林　裕『家計保険論〔改訂版〕』税務経理協会，2011年。

索　　引

（あ）

後場……………………………………81
アンダーライター業務………………73

（い）

板寄せ方式……………………………83
一部保険………………………………106
医療保険………………………………135
インターバンク市場…………………8

（う）

売渡手形………………………………23

（え）

営業保険料……………………………104
円建て外債……………………………63

（お）

オークション（付き合わせ）方式……83
オープン市場…………………………8
オフバランス取引……………………9
オペレーショナル・リスク…………52

（か）

買入手形………………………………23
介護保険………………………………137
会社保険………………………………111
買取引受………………………………73
価額協定保険特約……………………125
価格発見機能…………………………81
価格変動リスク………………………44
価格優先の原則………………………83
確実性…………………………………7
格付け…………………………………51
確定年金………………………………138

確定利付証券…………………………57
額面株…………………………………59
家計保険………………………………123
掛け捨て………………………………99
火災保険………………………………124
貸倒引当金……………………………37
貸倒引当金繰入額……………………39
貸出金…………………………………21
貸出金償却……………………………39
株券……………………………………8, 61
株式……………………………………59
株式会社化……………………………114
株主権…………………………………59
為替決済制度…………………………10
為替リスク……………………………44
簡易保険………………………………114
元金均等償還方式……………………28
間接金融………………………………57, 58
間接償却………………………………37
間接発行………………………………69
がん保険………………………………136
元利均等償還方式……………………28

（き）

企業保険………………………………123
基金……………………………………112
期日指定定期預金……………………26
規制金利預金…………………………11, 24
急激かつ偶然な外来の事故…………130
給付反対給付均等の原則……………100
共益権…………………………………59
共済……………………………………116
業態別子会社方式……………………5, 14
協同組織金融機関……………………3
協同組織金融機関の中央機関………3
業務純益………………………………51

業務粗利益……………………51	公的金融機関……………………3
銀行・証券の分離……………5	後配株……………………………59
銀行・信託の分離……………5	コーポレート・ガバナンス……72
銀行の銀行………………………3	コール市場………………………9
金融検査マニュアル…………44	コールマネー……………………23
金融債……………………………62	コールローン……………………23
金融再生法開示債権…………36	国営保険………………………111
金融再編………………………14	国債………………………………61
金融市場…………………………8	国債決済銀行（ＢＩＳ）………40
金融システム改革（金融ビッグバン）…5,14	国債等公共債の窓販……………50
金融自由化……………………11	告知義務………………………103
金融商品会計…………………29	国内債…………………………61
金融ビッグバン宣言…………14	個人年金保険…………………137
金融持株会社……………………6	個人保険………………………111
金融リスク……………………44	こども保険……………………135
金利……………………………63	コンプライアンス（法令遵守）……47
金利制度改革法………………14	
金利の自由化…………………11	（さ）
金利リスク……………………44	債権者……………………………61
	債権売却…………………………37
（く）	最終処理…………………………37
繰延税金資産…………………29	債務………………………………61
組合保険………………………111	指し値注文………………………82
繰延税金負債…………………29	ザラバ方式………………………85
	残額引受…………………………73
（け）	
決済……………………………91	（し）
決済用預金……………………34	ＪＡ共済………………………117
現在価値……………………64,65	自益権……………………………59
健全性……………………………7	時価総額…………………………94
原則自動付帯…………………126	時間優先の原則…………………83
減損処理………………………29	事業債……………………………62
	資金決済機能……………………6
（こ）	資金仲介機能……………………6
コア業務純益…………………51	資金取引…………………………19
コア資本………………………44	資金の供給機能…………………6
公共債…………………………61	自己査定…………………………36
公共性……………………………7	自己資本比率規制（バーゼル１）……41
公定歩合………………………10	自己資本比率規制（バーゼル２）……41

自己資本比率規制(バーゼル3)………42
市場規律による監視………………48
地震火災費用保険金 ……………127
地震保険 …………………………126
システムリスク……………………46
自然保険料 ………………………105
私的整理……………………………37
自動車損害賠償責任保険 ………127
自動車損害賠償保障事業 ………128
自動車損害賠償保障法 …………127
自動車保険 ………………………129
品薄株………………………………93
支払準備預金制度…………………10
死亡保険 …………………………133
資本証券……………………………57
資本保全バッファー………………43
事務リスク…………………………46
社員総会……………………………112
社員総代会…………………………112
社会的分担機能……………………100
社会保険 ……………………118, 119
収益性………………………………7
収支相等の原則……………………98
終身年金……………………………138
終身保険 …………………………134
出資…………………………………58
純保険料……………………98, 100, 104
傷害保険 …………………………130
証券仲介業…………………………75
証券投資信託の窓販………………50
証券保管振替機構………………90, 91
証拠証券……………………………57
上場基準……………………………76
証書貸付……………………………26
将来価値…………………………64, 65
新株予約権付社債…………………62
信託銀行……………………………4
信用金庫……………………………4
信用組合……………………………4

信用創造機能………………………6
信用リスク…………………………44
信用リスク・アセット……………41

(す)

ストップ高…………………………87
ストップ安…………………………87

(せ)

制限値幅……………………………87
税効果会計…………………………29
生死混合保険………………………135
生前給付型生命保険………………136
生存保険……………………………134
制度の自由化………………………11
政府の銀行…………………………3
政府保証債…………………………62
セーフティネット…………………34
全部保険……………………………106

(そ)

早期是正措置………………………40
総合口座……………………………24
相互会社……………………………112
相互主義理念………………………113
総資金………………………………23
その他の金融機関…………………3
その他有価証券……………………29
その他Tier 1………………………43
損害填補………………………102, 106
損害防止義務………………………103

(た)

第二地方銀行協会加盟地方銀行……3
第一次市場…………………………69
大数の法則…………………………97
第二次市場…………………………69
単位株制度…………………………81
短期貸出金…………………………27

短期金融市場 …………………………… 8
短期プライムレート …………………… 27
単元株制度 …………………………… 81,82
単利 …………………………………… 25,63

（ち）

地方銀行 ………………………………… 3
地方債 ………………………………… 62
中央銀行 ………………………………… 3
超過保険 ……………………………… 106
長期貸出金 …………………………… 27
長期金融機関 …………………………… 3
長期金融市場 …………………………… 8
長期プライムレート …………………… 27
長短金融の分離 ………………………… 5
直接金融 …………………………… 57,58
直接償却 ……………………………… 39
直接発行 ……………………………… 69
貯蓄手段提供機能 ……………………… 6
貯蓄保険 ……………………………… 134
貯蓄預金 ……………………………… 24

（つ）

通知義務 ……………………………… 103
積立型損害保険 ……………………… 132

（て）

take-over ……………………………… 72
Tier 1 ……………………………… 43,44
Tier 2 ……………………………… 43,44
Tier 1 比率 …………………………… 51
ディーラー業務 ………………………… 73
定額貯金 ……………………………… 26
定額保険 ……………………………… 102
定期付終身保険 ……………………… 134
定期付養老保険 ……………………… 135
定期保険 ……………………………… 133
定期預金 ……………………………… 24
ディスクロージャー …………………… 49

ディストリビューター（セリング業務）…74
手形貸付 ……………………………… 26
手形売買市場 …………………………… 9
デリバティブ取引 ……………………… 9
転換社債型新株予約権付社債 ………… 62
塡補限度方式 ………………………… 131

（と）

等級別料率制度 ……………………… 130
当座貸越 ……………………………… 26
当座預金 ……………………………… 24
投資収益率 …………………………… 59
投資信託 ……………………………… 50
特定疾病保障保険 …………………… 136
都市銀行 ………………………………… 3
TOPIX（東証株価指数）……………… 93
取引所外市場 ………………………… 69
取引所市場 …………………………… 69
取引の原則 …………………………… 83

（な）

成り行き注文 ………………………… 82

（に）

日経平均株価 ………………………… 93
日本銀行預け金 ……………………… 10
日本銀行借入金 ……………………… 10
日本郵政公社 ………………………… 115

（ね）

値がさ株 ……………………………… 93
年齢条件 ……………………………… 129

（は）

バーゼル合意 ………………………… 40
賠償責任保険 ………………………… 131
配当 …………………………………… 59
売買立会基準 ………………………… 81
発券銀行 ………………………………… 3

索引

（は）

発行市場 ……………………………69,71
バルクセール ……………………………39

（ひ）

被保険者 ……………………………101,102
非累積的株 ……………………………59
比例填補 ……………………………106

（ふ）

付加保険料 ……………………………98,104
複利 ……………………………25,63,64
普通株 ……………………………59
普通株式等Tier 1 ……………………………43,44
普通銀行 ……………………………3
普通社債 ……………………………62
普通取引 ……………………………92
普通預金 ……………………………24
浮動株主 ……………………………74
ブローカー業務 ……………………………73
分業主義 ……………………………5

（へ）

ペイオフ ……………………………34
平準保険料 ……………………………105
変額年金保険 ……………………………139
変額保険 ……………………………138

（ほ）

法的整理 ……………………………37
保険価額 ……………………………106
保険金 ……………………………98,99,105,106,107
保険金受取人 ……………………………101
保険金額 ……………………………106
保険契約者 ……………………………101
保険者 ……………………………101
保険商品の窓販 ……………………………50
保険約款 ……………………………103
保険料 ……………………………98,99,104
保険料支払義務 ……………………………102

（ま）

前場 ……………………………81
満期返戻金 ……………………………132

（み）

民間金融機関 ……………………………3
民間債 ……………………………61

（む）

無額面株 ……………………………59

（も）

モラルハザード ……………………………34

（ゆ）

有価証券 ……………………………29,57
有価証券の売出し ……………………………73
有価証券の売出しの取り扱い ……………………………74
有価証券の引受 ……………………………73
有価証券の募集 ……………………………74
有期年金 ……………………………138
有税償却 ……………………………40
郵政民営化法 ……………………………116
優先株 ……………………………59

（よ）

要求払預金 ……………………………24
養老保険 ……………………………135
預金 ……………………………21
預金取扱金融機関 ……………………………3
預金保険機構 ……………………………33
預金保険制度 ……………………………33
預金保険法 ……………………………33
預貸金業務 ……………………………21
予定事業費率 ……………………………104
予定死亡率 ……………………………104
予定損害率 ……………………………104
予定利率 ……………………………104

145

呼値の単位……………………87	流動性………………………7
寄り付き………………………83	流動性の保証………………81
（り）	流動性リスク………………44
リスク・アセット……………41	利率変動型積立終身保険………134
リスク・ウエイト……………41	臨時金利調整法………………11
リスク管理……………………47	（る）
リスク管理債権………………36	累積的優先株…………………59
リスク証券……………………57	（わ）
利息………………………63,64	割高……………………………65
利付金融債……………………63	割引金融債……………………63
利付国債………………………61	割引国債………………………61
利得禁止の原則………………106	割引手形………………………26
リビングニーズ特約…………136	割安……………………………65
利回り…………………………26	
流通市場……………………69,71	

著者紹介

安田　嘉明（第1章，第2章，第3章）
（やすだ　よしあき）

　熊本学園大学商学部教授

　「金融論」担当

（著　書）

　『金融リスクと金融機関経営』（税務経理協会，1994年）

　『グローバル化する九州・熊本の産業経済の自立と連携』（日本評論社，2010年）
　第1部｜産業第8章「九州地域金融機関の現状と課題」担当

貞松　茂（第4章，第5章）
（さだまつ　しげる）

　熊本学園大学商学部教授，経営学博士

　「証券論」担当

（著　書）

　『コーポレート・コントロールとコーポレート・ガバナンス』（ミネルヴァ書房，2004年）

　『株式会社支配の研究』（ミネルヴァ書房，1994年）

林　裕（第6章，第7章，第8章）
（はやし　ひろし）

　熊本学園大学商学部教授

　「保険論」「ライフマネジメント」担当

（著　書）

　『家計保険論〔改訂版〕』（税務経理協会，2011年）

　『家計保険論』（税務経理協会，2007年）

　『リスク社会における生活設計』（税務経理協会，2004年）

　『家計保険と消費者意識』（税務経理協会，2003年）

　『保険論講義』（税務経理協会，2000年）

著者との契約により検印省略

平成18年1月15日	初版第1刷発行
平成19年4月15日	初版第2刷発行
平成21年4月15日	初版第3刷発行
平成23年4月15日	初版第4刷発行
平成26年3月15日	改訂版第1刷発行

金 融 入 門
―銀行・証券・保険の基礎知識―
〔改訂版〕

著　者	安　田　嘉　明 貞　松　　　茂 林　　　　　裕
発行者	大　坪　嘉　春
印刷所	税経印刷株式会社
製本所	株式会社　三森製本所

発行所　東京都新宿区下落合2丁目5番13号　株式会社　税務経理協会
郵便番号 161-0033　振替 00190-2-187408　電話(03)3953-3301(編集代表)
FAX(03)3565-3391　　(03)3953-3325(営業代表)
URL　http://www.zeikei.co.jp/
乱丁・落丁の場合はお取替えいたします。

Ⓒ 安田嘉明・貞松　茂・林　裕 2014　　Printed in Japan

本書の内容の一部又は全部を無断で複写複製（コピー）することは、法律で認められた場合を除き、著者及び出版社の権利侵害となりますので、コピーの必要がある場合は、あらかじめ当社あて許諾を求めて下さい。

ISBN978-4-419-06076-3　C3033